「越南漢文小說叢刊」總序

以漢文字爲書寫工具的地區，我們稱爲漢文化區。漢文化區以中國漢文化爲主流，但亦應包括朝鮮、越南、日本、琉球等地區。長久以來，這些國家以漢字爲表達工具，創作了大量的漢文作品，與中國相對而言，可稱爲域外漢文化區。

域外漢文化區採用漢字寫作已有千年以上的歷史，直到上世紀末、本世紀初，由於政治及其它種種原因，各國方才逐漸停止使用漢字寫作，但民間仍有繼續使用漢字者。第二次大戰後，漢字寫作基本上從這些國家消失。（但產生了以華裔爲主的域外漢文作者，這是另一研究範圍。）朝鮮、越南和日本（包括琉球），保存了大量漢文獻，這些文獻涵括經史子集四部，應有盡有。既是各國重要的文化遺產，也是整個漢文化不可或缺的部分。但很可惜，由於教育的原因，域外漢文化區能閱讀漢文獻的人已經愈來愈少，加上政治及其它因素，除日本外，這些國家的漢文獻在過去相當長的期間內，得不到妥善的保存，遑論再作有系統的整理研究；甚至被認爲非本國文化。近年來，情況有所改變，韓國對本國漢文獻的整理研究已取得不少的成績，越南亦開始這方面的努力。但由於長期地抑止漢文，域外漢文化區對本國漢文化的研究只成了少數專家的工作。對各國漢文獻的整理和研究，最起碼的是掌握漢字，這是專家們所應有的基本訓練；但除此之外，由於各國漢文獻的內容跟整個漢文化，特別是主流的中國漢文化不可分割，就要求專家們同時擁有這方面的知識，而一般的研究域外漢文化的專家，除了對本國漢文獻有較深的了解外，很少能同時對中國漢文化和其它支流漢文化有足夠的認識，這就使得他們對本國漢文化的整理和研究受到相當的限制。

作爲漢文化主流的中國，以漢字爲書寫工具的傳統，從沒間斷，本來是最有條件對漢文化世界作整體研究。但中國知識分子，向來對其它支流文化採取不聞不問的態度，對這些地區的漢文化瞭解甚少，公私藏書中，域外漢文獻更是罕見。近年，由於國際之往來，中國對域外漢文化已有零碎的研究，但是還沒有形成風氣，不是有計畫、有系統的研究。因而域外漢文化研究還只是起步，而由此向前推進一步的漢文化整體研究，仍是一片亟待開發的荒原。

漢文化整體研究的重要性是很顯然的，它不僅有助於瞭解中國漢文化在域外的傳播和發展，足以豐富中國漢文化的知識，對朝鮮、越南、日本諸國的漢文化的認識，更具重大意義。只有通過整體研究，才能將他們在漢文化中的位置、對中國漢文化的吸收和發展等眞象全面顯示出來。不透過支流和主流關係的研究，不將各支流加以比較研究，域外漢文化各區的特質就不易清楚，而這正是目前各國研究的弱點。他們只就本國文化作研究，最多是溯源到中國漢文化，却極少與其它支流從事比較研究，如此，本國文化的特質就不易顯示出來。

漢文化的整體研究可以開拓傳統漢學研究的領域。傳統漢學只是研究中國漢文化，忽視域外漢文化區的研究，將他們看成是朝鮮學、越南學、日本學的研究範圍，這就限制了漢學家對整個漢文化的了解。另一方面，從事朝鮮、越南、日本研究的學者，一般又只限於現代的研究，也受到漢文素養的限制，不易上溯到該國古典文化。縱使研究者能夠掌握漢文，如非從事整體研究，視野仍受局限。因而漢文化的整體研究將使得被傳統漢學、朝鮮學、越南學、日本學研究所棄置的域外漢文化資料，納入漢學研究的範疇中，形成一個超越國界文化區的綜合研究。採用新的資料，採用比較的研究方法，就很自然的能獲得新的研究成果。

域外漢文化涵蓋學術之各方面，需要種種專家通力合作，才能進行全面的研究。作爲文學研究工作者，我們選擇域外漢文學爲我們研究的對象。域外漢文學以漢詩、漢文爲大宗，在傳統的漢文化觀念下，詩文才屬正統文學，因而，各國漢文學研究，漢詩、漢文備受重視。一部日本漢文學史，幾乎就只是日本漢詩漢文史。朝鮮、越南文學史中較不注重漢文學，漢文學只佔其中有限的篇幅，而且幾乎全部談論漢詩漢文。在古典漢文化中，小說向來受到輕視。各國政府禁毀書籍中，小說每每首當其衝。傳統中對小說的保存、記錄、研究都很不夠。域外漢文學中，小說最鮮爲人知，亦最少作爲研究對象，這也是朝鮮、越南、日本各國文學史家，較少論述本國漢文小說的重要原因之一。

但在域外漢文學中，最能表達本民族特質的恐怕要推小說了。各國的漢詩漢文，常是模倣自中國漢詩文，且又受到篇幅的限制，難以對本民族精神作深刻的表現，因而在文學研究中，我們選擇小說研究作爲起點。很多域外漢文小說只以抄本形式流通，其中有的已在該國失傳，幸好尚保存在國外，有的則根本消失。目前域外漢文小說在各國收藏和研究的情況極不一致。日本漢籍保存最好，由於和文小說發達較早，漢文小說數量甚少，幾乎未曾引起文學史家的注意。朝鮮漢文小說數量甚多，近年來無論在本國，還是在外國，都有人從事整理和研究。成績雖然不盡理想，畢竟已漸重視。相形之下，越南情況較差。首先是越南語拉丁化和殖民地的教育，使越南有半個世紀時間割斷和本國漢文化的聯繫，獨立初期的越南仍繼續對漢文化抱敵視的態度；再者，中南半島的氣候本不宜保存古籍，加以連年戰爭的破壞，使得越南漢籍的保存研究在整個域外漢文化區中較爲後進。目前可能讀到的越南文學史，原就忽視本國漢文學，至於漢文小說則幾乎不曾提及，這反映當代越南人的某些政治思想，亦表現出他們對本國漢文小說的了解不深。這些小說，有的反映出越南民族獨立的要求，即使在狹窄的愛國主義觀點下，也應受到重視。由於這些資料仍未被發掘整理和研究，使得我們將越南漢文小說的整理和研究，列爲整體域外漢文小說研究計畫的第一步。

越南漢文小說研究的首要工作是資料的搜集、整理。目前我們所能掌握到的資料，估計現存越南漢文小說大約三十部，約三百萬字左右，大部分是抄本，只有少數刻本。抄本的質量通常不高，需與異本校勘；刻本間也有不同版本可供校勘的。由於這些資料只存在越南、法國和日本的一些圖書館中，不是一般研究者所能接觸，因此作爲越南漢文小說研究的最基本工作就是根據這些資料，經過校勘，編出一套越南漢文小說叢刊，使研究者有機會接觸並使用這一批材料。校勘不單是文字異同的比較，且要根據整個漢文化的知識尋求恢復原作的面貌。且爲幫助讀者的瞭解，在每部書前，對作者、版本源流、內容等略作說明。

越南漢文小說依其性質，可分爲下列五大類：

一、神話傳說　如「粵甸幽靈錄」、「粵甸幽靈集」、「新訂校評越甸幽靈集」、「嶺南摭怪」、「嶺南摭怪列傳」、「天南靈籙」、「南國異人事跡錄」等等。這些是越南民族國家和事物起源的神話和傳說，亦包括神祇傳記。

二、傳奇小說　收集到的有「傳奇漫錄」、「傳奇新譜」、「新傳奇錄」、「聖宗遺草」、「見聞錄」、「越南奇逢事錄」等等。因最早一部以「傳奇」命名，以後的仿作又陸續使用「傳奇」爲書名一部分，故採作本類總名。這批小說是文言短篇，類似唐人小說。

三、歷史演義　輯錄的有「皇越春秋」、「越南開國志傳」、「皇黎一統志」、「皇越龍興志」

四種。自十五至十九世紀的越南歷史，幾乎盡入演義中。

四、筆記小說　最早的當推「南翁夢錄」，此外有「公餘捷記」、「南天珍異」、「聽聞異錄」、「山居雜錄」、「雲囊小史」、「大南顯應傳」、「滄桑偶錄」、「安南古跡列傳」、「南國偉人傳」、「南天忠義實錄」、「科榜標奇」、「人物志」等等。這一類是以人物事跡爲主。

五、現代小說　這是本世紀以來，受西方文化和中國白話文學影響而創作的現代白話小說，數量不多，勉強算作一類，可以視爲上四類的附錄。

由於歷史的原因，越南漢文獻在國外藏量最多的，首推法國。法國遠東學院、亞洲協會、國家圖書館、東方語言學院圖書館、基美博物館圖書館和天主敎外國差會等處，都藏有越南漢文喃文書。其中以遠東學院所藏最爲重要。遠東學院於一九〇一年創立於越南河內，數十年間搜集了大量中國、越南以及東南亞各國資料。一九五四年越南獨立，遠東學院搬回巴黎，中越圖書全留河內，移交越南政府。其中部分重要書籍製成微卷，分存巴黎、西貢兩地。五十年代以後，該院駐西貢辦事處又從越南南方購得書籍一批，與原有的微卷構成越南漢喃書籍的重要收藏，這是此套叢書主要資料來源。曾經是遠東學院研究員的著名學者馬伯樂（Henry Maspéro）和戴密微(Paul Demiéville）敎授，都曾在越南住過，並收藏不少的越南漢文書，他們的藏書在逝世後都捐給亞洲協會圖書館。兩氏的越南藏書中頗有漢文小說資料，是我們這套叢書資料的另一重要來源。其它法國圖書館雖也收藏不少的越南書籍，但小說資料不多，就不一一述及了。

編纂越南漢文小說叢刊是由我發起的。多年來我留心搜集這方面資料，並作初步的標點和校勘。但資料數量很多，全面校勘需要大批人力，身處海外，缺乏條件。且因我有其它研究工作，不能將全部時間投入漢文小說整理和研究中，這些資料一直沒有整理出版。當然，要找到願意刊印這批冷門的研究材料的書局也不容易。一九八二年，我到臺北，和朋友們談及漢文學研究的構想，提到出版越南、朝鮮、日本三國漢文小說叢書的計畫，臺灣學生書局惠允出版這套叢書，中國文化大學中文系教授王三慶兄又應允負責主持校勘工作，並於該校中文研究所成立校勘小組，成員有鄭阿財、朱鳳玉、郭長城、廖宏昌、許鳴鏘、陳益源、康世昌、謝明勳等，分別對各書進行校勘和標點工作。三慶兄並邀得龍思明女士，負責將資料中雜入少數字喃翻成漢文，至此萬事俱備。經過多年辛苦的校勘整理，終於告一段落，始能推出排版。

這次出版的是越南漢文小說第一輯，約爲現存越南漢文小說百分之六十左右。其它小說有的版本尚未集全，且校勘仍需時日，只好留待下輯出版。本輯共分七册，第一、二册爲傳奇小說，包括：「傳奇漫錄」、「傳奇新譜」（附「段氏實錄」）、「聖宗遺草」、「越南奇逢事錄」四種；第三、四册是歷史演義，包括：「皇越春秋」、「越南開國志傳」；第五册是「皇黎一統志」；第六、七册則爲筆記小說，包括：「南翁夢錄」、「南天忠義實錄」、「人物志」、「科榜標奇」、「南國偉人傳」、「大南行義列女傳」、「南國佳事」、「滄桑偶錄」、「見聞錄」、「大南顯應傳」等共十種。至於這套叢書的校勘事項，參見「校錄凡例」，各書的個別問題，則參考各書前的「出版說明」。「出版說明」除指出所用版本及校勘諸問題外，又介紹該書的作者資料。各書校勘者芳名標於該書扉頁。三慶兄和我將校稿各看了一遍，作成最後定稿。

這套叢書得以順利印出，首先要感謝法國遠東學院院長 Gross 教授和圖書館館長 Rageau 夫人，他們贊同我所提出的漢文化整體研究的構想，接納我在遠東學院建立漢喃研究小組的建議，使得越南漢文小說研究計畫成爲學院研究計畫的一部分，因而得以充分利用該院的資料和設備。遠東學院並與學生書局合作出版這套叢書。我的越南同事、漢喃研究組成員謝仲俠先生，以他賅博的越南漢籍知識，提供我搜集資料及撰寫「出版說明」的線索，又提供他珍藏的日本東洋文庫「舊編傳奇漫錄」的膠捲，衷心銘謝。我的研究助理譚惠珍小姐自始至終參與資料的搜集和標校工作，備極辛勞，深爲感謝。

我還應該感謝法國漢學院院長、巴黎第七大學教授吳德明（Yves Hervouet）先生、法國亞洲協會圖書館負責人、高等社會科學學院蘇梅野（Michel Soymié）教授和法國科研中心中國文學歷史研究組負責人、高等社會科學學院侯思孟（Donald Holzman）教授的支持和協助。

本書出版是王三慶教授所領導的中國文化大學中文研究所「越南漢文小說校勘小組」成員的勞績。

最後感謝臺灣學生書局諸位執事先生對文化的熱誠，同意出版這麼一部冷門書。臺灣大學外文系教授王秋桂兄大力協助本書出版，亦於此誌謝。

陳慶浩 一九八五年十月於**臺北**

「越南漢文小說叢刊」校錄凡例

一、本編小說一律選擇善本作底本，各本文字則據底本原文迻錄。

二、除底本外，若有其他複本可資參校，間有異文，並擇善而從，且加註說明，以存底本眞象。

三、唯因異文數量頗夥，故除傳奇漫錄作全面採錄外，他書僅擇錄對於文義、修辭等具有參考價值之異文。若語氣辭等不具特殊意義之異文，爲省篇幅，一律不加採錄及說明。

四、若文句未順，又乏校本可據者，爲使讀者得一通讀之善本，則據文義校改，並加註說明，以存底本眞象。

五、凡爲補足文義，若有意加文字，則以〔〕號示別。若爲譌錯之通假字，則在原字下加（）號，增列通行正字，供作參考，以別正文。

六、原底本若經抄者自校，或經藏者改正，但錄改正後之文字，並一律不加註文說明。若是後人臆改，而不從其改後文字，必加註說明。

七、凡底本或校本俗寫、偏旁誤混之字，隨處都有，此抄本常例，今皆根據文義逕改，不煩加註，以省篇幅。

八、又迻錄時，皆加標點分段，並加專有人名、書名、地名號，普通名詞則一律從略。

九、凡正文下雙行註文，一律小字單行標示，唯其加註位置或誤，則移至適當地位，並加註說明。又如傳奇漫錄註文極多，爲不影響正文閱讀，則移至正文後校註中，凡此等移動，今皆加註說明。

十、凡正文中偶有喃文，一律譯作漢文，並加註說明。

南翁夢錄目錄

南天忠義實錄　目錄

奉和御詩原韻　四月又奉御詩慰問恭和　丁巳除夕感作　詠榆樹二首　初登五十歲作　獄中偶成　在獄閒坐感作二首　出獄感作　展拜故主墓回感作　六月霖雨糧絕又見諭不許進城偶作　十月恭值故主忌日往拜園寢感作　和丁公迓衡原韻幷引　和清人趙晦亭和答膠西人琴可氏見贈原韻六首　十二月雪後月出偶作　贈義安人潘氏　過公母山作喜子見訪偶成　和武秉山元韻　寄年誼慈烏陳中式　偶感　禪院納涼遇隨來舊家人於萬壽寺相見　仍作

阮輝宿　丁未十二月聞變往迎慈駕　戊申正月出太原道　四月往武崖護隨慈駕　五月護慈駕渡弗迷津　喜清兵出關來援　聞清師潰悵然有感　追雲桂援兵不遇　馬童贊幷引　庚戌元春北望感作　琵琶夫人殉節行

黎允值　奉和御詩元韻三首

鄭　憲　恭和御詩三首　過公母山感作　高樓隘宵行　因憶會友行　答隘站目潘伴送　寧

陳光珠、阮文涓、陳名偶、陳　斑、阮氏金、
潘氏舜、阮輝濯、阮國棟、黎　昕、黃益曉、
黎允值、阮廷錦、黎貴適、譚愼廠、阮雄忠、
阮仲瑜、黎　松、黎　式、黎仲瑺、范如松

人物誌目錄

陳益源 校點

南翁夢錄

南翁夢錄　出版說明

黎澄（一三七四～一四四六），字孟源，號南翁。其先祖胡興逸，本浙江人，五代後漢時守演州，其後居州之泡突鄉，爲寨主。至十二代孫胡廉徙居清化大吏鄉，爲宣尉黎訓義子，自此以黎爲姓。四世至季犛，累官至小司空，進封同平章事，累加輔政太師攝政欽德興烈大王國祖章皇，遂移陳祚，國號大虞，復姓胡，後禪位於漢蒼。澄即季犛長子，漢蒼兄。於陳末爲司徒，於虞爲左相國。明永樂五年（一四〇七）五月與父季犛及弟漢蒼爲張輔所獲，俘至北京。澄獻神槍法，詔官之，專督造兵仗局銃箭火藥。初官行在工部營繕司清吏司主事。陞郎中，又陞工部右侍郎，正統元年（一四三六）陞左侍郎，十年陞工部尚書，十一年七月卒，年七十三，葬北京西山南安河村旁。明人軍中凡祭兵器，並祭澄。

南翁夢錄自序署「正統三年戊午重九日（一四三三）」，爲夢錄成書之時。據中國叢書綜錄，此書有紀錄彙編、說郛續弓十四、五朝小說之皇明百家小說、五朝小說大觀之皇明百家小說、涵芬樓秘笈第九集、叢書集成初編之史地類、景印之明善本叢書十種之紀錄彙編等本，百部叢書集成亦影印此書，收紀錄彙編本。按涵芬樓本末有孫毓修跋，謂「明陶珽續說郛、沈節甫紀錄彙編皆曾刊行，而割裂不完。此舊抄本有正統間毘陵胡濙、交南宋彰及南翁自序，取較陶、沈兩本則此爲勝」云云。今比較紀錄彙編本與涵芬樓本正文無甚差別，紀錄彙編本較早，故用之，而補所缺胡、宋二序，孫跋亦附焉。又此書於越南未見著錄，惟黎貴惇於見聞小錄記學讀此書之續說郛本。

紀錄彙編卷之五十

南翁夢錄序

語稱十室之邑必有忠信如丘者焉況交南人物自昔蕃盛豈可以偏方而遽謂無人乎哉前人言行才調多有可取者至于兵火之間書籍灰燼遂令泯滅無聞可不惜歟興思及此尋繹舊事遺亡殆盡猶得百中之一二集以爲書名之曰南翁夢錄以備觀覽一以揚前人之片善一以資君子之異聞雖則區區于小說亦將少助于燕談或問予曰君所書者皆是善人平生聞見無不善乎予應之曰善者我所樂聞

故能記之不善者非無吾不記耳曰錄以夢名其義安在曰彼中人物昔甚繁華時遷事變畧無遺迹惟我一人知而道之非夢而何達人君子其知之乎南翁澄自謂也

正統三年戊午重九日正議大夫資治尹工部左侍郎交南黎澄孟源序

紀錄彙編卷之五十

南翁夢錄

黎澄

藝王始末

安南陳家第八代王諱叔明明王第三子次妃黎氏所生也爲王子時號日恭定性淳厚孝友恭儉明斷博學經史不喜浮華陳家舊例有子既長即使承正位而父退居北宮以王父尊稱而同聽政其實但傳名器以定後事備倉卒爾事皆取決于父嗣王無異于世子也初明王庶長子既立是爲憲王而嫡子始

生長曰恭肅癡昧不任人事次曰祿星年未出幼而憲王歿且無嗣祿星承父命繼立是爲裕王庶兄恭靖拜太尉恭定拜左相恭定忠信誠確事君與親謹愼毫髮人無間言接物不親不疏臨政無咎無譽明王棄世居喪三年淚不乾睫服除衣無綵色食不重味葷雜果海豚魚是南方珍味自此絕不到口事裕王十有餘年裕王夭而無嗣大臣議曰左相甚賢然兄無嗣弟之義乃以國母令召立恭肅子忘名爲王是時恭肅亦已早世子旣立以衆議進拜大尉爲太宰左相爲太師左相弟恭宣爲右相恭肅子少不學

南翁夢錄 序一

夫日星昭布，雲霞絢麗，天之文也；川嶽流峙，草木華實，地之文也；名物典章，禮樂教化，人之文也。普天率土，星羅碁布之國，莫不咸有是文焉。今工部左侍郎交南黎公澄孟源，性資明敏，才學優長，與子有同朝之好，間以南翁夢錄一帙見示，且徵言以弁其端。子徧閱之，南翁乃孟源自號；其所著之文簡約而謹嚴，豐贍而博洽，緣情指事，陳義措辭，痛快切實，無非敍君臣之等，明彝倫之懿，闡性命道術之奧，紀家國起廢之由。以至褒贊節義，則感慨激烈可以厲風俗；稱揚述作，則清新俊逸可以怡性情。與夫孟源自敍，餘慶所鍾云：「出自幽谷，遷于喬木，生逢聖世，深沐堯仁，而有此奇遇。」之說，予有以知孟源之心，以爲偏方之異跡。今得敷張於中夏，徧聞於郡邑，抑且播聲光於後世。苟非叨聖朝亞卿之寵任，則帙中所錄者，將泯滅於遐荒而無聞矣。今玆遭際，遂獲流傳於不朽，豈不爲存沒之大幸也歟。因嘉其能旌善而篤於仁厚，故不辭其請，而書以冠于篇端云。

正統五年歲次庚申十月望日資德大夫正治上卿禮部尚書毘陵胡濙書

南翁夢錄 序二

語稱「十室之邑，必有忠信如丘者焉。」況交南人物，自昔蕃盛，豈可以偏方而遽謂無人乎哉！前人言行才調，多有可取者。至于兵火之間，書籍灰燼，遂令泯滅無聞，可不惜歟！興思及此，尋繹舊事，遺亡殆盡，猶得百中之一二，集以爲書，名之曰南翁夢錄，以備觀覽；一以揚前人之片善，一以資君子之異聞。雖則區區于小說，亦將少助于燕談。

或問予曰：「君所書者皆是善人，平生聞見無不善乎？」予應之曰：「善者我所樂聞，故能記之；不善者非無，吾不記耳。」曰：「錄以『夢』名，其義安在？」曰：「彼中人物，昔甚繁華；時遷事變，略無遺迹，惟我一人知而道之，非夢而何！達人君子其知之乎？『南翁』，澄自謂也。」

正統三年戊午重九日正議大夫資治尹工部左侍郎交南黎澄孟源序

南翁夢錄

黎　澄

【一】藝王始末

安南陳家第八代王諱叔明，明王第三子次妃黎氏所生也。爲王子時，號曰恭定。性淳厚孝友，恭儉明斷，博學經史，不喜浮華。陳家舊例：有子旣長，卽使承正位，而父退居北宮，以王父尊稱而同聽政。其實但傳名器，以定後事，備倉卒爾，事皆取決于父，嗣王無異于世子也。初，明王庶長子旣立，是爲憲王，而嫡子始生。長曰恭肅，癡昧不任人事。次曰祿星，年未出幼而憲王歿，且無嗣。祿星承父命繼立，是爲裕王。庶兄恭靖拜太尉，恭定拜左相。恭定忠信誠確，事君與親，謹愼毫髮，人無間言。接物不親不疎，臨政無咎無譽。明王棄世，居喪三年，淚不乾睫；服除，衣無綵色，食不重味。醃蘿果、海豚魚是南方珍味，自此絕不到口。事裕王十有餘年。裕王夭而無嗣，大臣議曰：左相甚賢，然兄無嗣弟之義。乃以國母令召立恭肅子忘名爲王。是時，恭肅亦已早世。子旣立，以衆議進拜大尉爲太宰，左相爲太師，左相弟恭宣爲右相。

恭肅子少不學，好游俠，人言妾母私通外人楊氏所生，故爲宗族素所輕賤。旣嗣位，居喪無戚容，舉動多失禮，擢用親昵小人，蔑視祖父卿士。不滿期年，宗族無狀者相與作亂，旣捕獲誅戮，連累枉殺甚衆。又潛謀盡去陳氏之有名目者，乃殺太宰于家。太師夜遁，迄旦，宗族官寮盡挈家奔，都城爲之蕭索。太師間道得至窮邊蠻峒，意欲自盡，左右持之。峒人留寓旬月，人頗知之。

宗族官寮相繼尋至。恭肅子遣軍追捕者，亦盡歸投。右相唱率羣寮勸請還都，以清君側。太師嗚咽謝曰：「諸君早返城邑，善護明君，易亂致治，尊安社稷，某死亦受賜。某得罪于主，脫身逃竄，待斃山林幸矣，豈敢有他！諸君幸勿相迫。」衆皆諠譁不已，再三懇切上書，誓死無易，逼請就途。肩轝出山，遠近雲集，歡聲震天。將至都三百里，老將阮吾郎教恭肅子出手書罪已辭位，已而擁出迎謝。恭肅子伏地請罪，太師亦仆地相抱，慟哭盡哀，曰：「主上何至如此，臣之不幸，豈意有今日也。」右相拔劍厲聲曰：「天命討罪，罪人安得多言！相王豈可以煦煦之仁失于大義。」乃叱將軍掖去，促有司備禮奉太師卽王位，廢恭肅子爲昏德公。王入城謁廟，涕泣告曰：「今日之事，非臣意所及，以社稷故，不得辭免，有乖忠孝，慙懼在懷，願自黜尊榮，以少酬素志。」乃下令勿用王車轝衣服，器物黑漆，無以金寶丹朱。其餘飮食服用，依前節儉，終身之喪，歿世無改。乃革亂政，率舊章，明賞罰，用賢良。以己子不才，難堪大事，期年，使弟右相嗣位而同聽政，是爲睿王。

先是占城乘國釁，數來寇，睿王卽位三年，乃親伐占城，敗績不返。王以睿王之子晛嗣位。久之，昵聽奸臣，行不道。王憂社稷傾覆，涕泣而廢之，號曰靈德公。以王小子顒入嗣位，是爲順王。歷七載，父王薨，時洪武二十七年甲戌，葬于安生山，謚曰藝。初，藝王爲兒時，八九歲，侍明王。適床上有竹奴，試命詠之。乃占口應曰：「有偉此君，中空外勁，創汝爲奴，恐傷天性。」明王異之，佯叱曰：「此不成語，勿記錄。」乃戒師傅毋令作詩。君子謂天命有兆，誰能禦之，後果然矣。卽位之後，盡取兄弟姊妹子女孫侄之孤幼者，鞠養宮中，視同己出。宗族遠近咸被恩憐，有遺亂後貧窶不能婚嫁者婚嫁之，未葬者葬之，末派支流，莫不收錄，翕然戚里，盎若春和。國人化之，俗漸淳厚，此土之君，斯其賢者歟！

【二】竹林示寂

陳氏第三代王曰仁王，既傳位世子，乃出家修行，刻苦精進，慧解超脫，爲一方祖師，庵居安子山紫霄峰，自號竹林大士。其姊號曰天瑞，多失婦道。大士在紫霄，聞姊病亟，乃下山往視，謂天瑞曰：「姊若時至自去，見冥間問事，則應曰：『願少待，我弟竹林大士且至。』」言訖還山，數日至庵，分付弟子後事，奄然坐化。天瑞亦以是日卒。

【三】祖靈定命

仁王示寂時，其子英王未有嫡嗣，止有庶子，意且待嫡子而後定嗣位。至荼毘後，封骨時，子孫環拜，舍利飛入庶孫袖裏而放光；既收又入。英王拜曰：「敢不奉命。」收之乃定。尋以庶子爲世子。既久，嫡母生男不育，庶子終嗣王位，是爲明王。

【四】德必有位

明王既嗣王位，久之，嫡母生男。至周晬，時英王巡邊在外，家事先決于嗣王。有司以周晬禮請，乃命以世子例行之。有司以王故難之，王曰：「何疑乎！初以嫡嗣未生，故我權在此位；今既生矣，待長復辟何難？」曰：「此事前古多危，請愼思之。」王曰：「順義行之，安危何足慮也！」卒以世子例行之。朞年而嫡嗣歿，王甚哀之。君子謂明王誠心，不顧于安危，讓德克光于今古。傳曰「有德者必有其位」，其斯之謂歟！

【五】婦德貞明

陳睿王正妃黎氏，靈德之母也。初，睿王出師不返，妃乃披剃爲尼。會藝王以靈德嗣位，妃爲之辭讓不得，乃涕泣謂親人曰：「吾兒薄福，難堪大位，足以取禍爾。故主棄世，未亡人惟欲速死，不欲見世事，況兒子之將危乎。」乃精修苦行，朝夕經懺，以報主恩。不五六年，燃臂煉頂，無不備至。遂以入定示寂。後至靈德見廢，人皆服其藻鑑先知，且感事君之誠，貞婦之節，一歸佛氏，便造門庭如此之深也，誰不哀傷而嘉獎乎。雖陳家先世妃嬪，多有賢者，而此妃出于其後，又欲過之，何其偉歟！

【六】聞喪氣絕

陳太王女號曰韶陽，方坐蓐時，王已旬月不豫，數遣人起居。左右紿曰：「王已平復無事。」至棄世日，忽聞鐘聲連響，曰：「得非不諱事耶？」左右紿之，不聽，乃慟哭長號，氣絕，瞑目而逝。

【七】文貞鯁直

朱安號樵隱，交趾上福人也。性廉直剛介，居家篤好讀書，學業精醇，名聞遠近。弟子盈門，相繼躡青雲，登政府者往往有之。安恬澹寡欲，不赴應舉。至元間，陳氏明王徵拜國子司業，授世子經。尋遷太學祭酒。明王歿，其子裕王逸豫，怠于聽政，權臣稍多不法。安數諫不聽，又上疏乞斬姦臣七人，皆權幸者，時人號爲七斬疏。既入，不報，安乃掛冠歸田里。後裕王歿，國頗亂，羣臣迎立藝王。安聞之大喜，杖策上謁。旋乞還鄉，以老病辭，不受封拜。乃賜號文貞先生，厚禮送回。久之，壽終于家。都城人士景仰高風，莫不嗟悼。

昔安弟子爲執政者，時來問候，拜床下，得與談話片言而去者，甚以爲喜。有不善者，切責唾罵，甚至呵叱不納。其清直嚴正，名聞一時，凜然可畏。吁其善哉！

【八】醫善用心

澄先人之外祖曰范公，諱彬，家世業醫，事陳英王爲判太醫令。常竭家資以蓄良藥，積米穀，人有孤苦疾病者，寓之于家，以給饘粥救療，雖膿血淋漓，不少嫌避。如此來者，待健而去，床不絕人。忽連年饑饉，疫癘大作，乃築房屋，宿困窮饑者病者，活千餘人，名重當世。後嘗有人扣門急請曰：「家有婦人卒暴，血崩如注，面色稍青。」公聞之，遽往；出門，而王使人至曰：「宮中貴人有發寒熱者，召公看之。」曰：「此病不急，今人家命在頃刻，我且救彼，不久便來。」中使怒曰：「人臣之禮安得如此，君欲救他命，不救爾命耶？」公曰：「我固有罪，亦無奈何，其人若不救，死在頃刻，無所望也。小臣之命，望在主上，幸得免死，餘罪甘當。」遂去救治，其人果活。少頃來見，王責之，免冠謝罪，敷析眞心。王喜曰：「汝眞良醫，既有善藝，又有仁心，以卹我赤子，誠副予望也。」後之子孫爲良醫官四五品者二三人，世皆稱譽其不墜家業也。

【九】勇力神異

安南李氏時，清化人黎奉曉，生而魁偉異常，飲食視人十倍。年十二三，身長七尺。適有外寇侵境，虜掠甚衆，鄉里倉皇罔措。奉曉語其父母，不可隨人奔忙，但多作飯與兒子飽吃一頓，今日殺賊救民，易如反掌。飯畢，持一短刀，俗呼爲斫刀者，伐木爲兵，直衝賊陣，縱擊潰走，盡獲鄉邑被虜者千餘人而還。李氏賞賜除授，固辭不受。乞賜田地，以自耕食耳。有司議定頃畝，奉曉曰：「臣以斫刀破賊，願擲斫刀所至爲界。」許之，擲至十餘里，悉以與之。後人因此凡賞功田名之曰「斫刀田」。使領軍，辭以不能，願居田里，待用兵時，請爲先鋒破陣報國而已。後十餘年，召爲先鋒，以十餘人擊數萬餘賊衆。封威遠將軍，仍在田里，壽終于家。

【十】夫妻死節

永樂丁亥，大軍平交趾日，頭目吳勉赴水死，其妻阮氏仰天嘆曰：「吾夫事主，一生受祿，由中官至登政府，今而死節，是得所也，又何怨乎！妾若苟活，豈無所之？但夫道君恩，一時辜負，吾不忍也，寧相隨爾。」言訖，亦赴水死。嗟夫！死節者士大夫之所當然，猶或難之，宦官如此，古所罕聞，吳勉其丈夫乎！至于阮氏以婦人臨危，能識大節，知夫得所而無憾，又能重義輕生，視死如歸，可謂賢婦也歟。世之愚婦，以忿投水者多矣，至于以義亡身，甚不易得也。如阮氏者，誠可嘉哉！

【十一】僧道神通

李氏時，嘗有妖物，晝夜隱形，啼叫于殿梁上，連日不止。時第二代王召僧覺海、道士通玄、同來厭勝。覺海以數珠擊柱，其聲應手而止。通玄以令牌擊柱，忽見大手出梁上，將一蛤蚧擲地，其妖乃止。王占口曰：「覺海心如海，通玄道更玄；神通能變化，一佛一神仙。」

【十二】奏章明驗

交趾太清宮道士名道甚，元世祖至元間，爲陳太王祈嗣拜章，畢，乃白王曰：「上帝既允奏章，卽命昭文童子降生王宮，住四紀。」已而後宮有孕，果生男，兩膊上有文曰「昭文童子」，字頗明顯，因以昭文爲號。年長，其文始消。至四十八歲，臥病月餘，諸子爲之建醮，請減己壽以延父齡。道士拜章，起曰：「上帝覽章，笑曰：『何乃戀俗，欲久留乎？然其子孝誠，可允再留一紀。』」病乃瘳。後果有十二年壽。

【十三】壓浪眞人

宋仁宗時，安南李王親率舟師伐占城，至神投海口，風浪連日，不得航海。聞近山有道士，獨居庵中，乃召請祈禱。道士曰：「王自有福力，臣保萬一無憂，明日發行，勿生疑慮。」夜半風止，詰旦，行至海外，遠望風浪如山，舟師所向寧靜。時復見此道士水上步行，或前或後，宛然明白，但人不可近爾。師還，至神投山，道士迎見，王喜謝慰勞。道士曰：「臣知王福重，故無憂，此神祐王爾，非臣也。」問之鄉人，曰：「道士自此採藥，久不在庵。」王大異之，封爲壓浪眞人，賞賜金帛皆不受。後入山去，不知所之。眞人姓羅，亡名，人皆以壓浪呼之。弱冠棄妻子入道。其後裔有羅修者，舉進士，仕陳藝王，官至審刑院司而卒。余所親識也。

【十四】明空神異

交趾膠水鄉有空路寺，昔有僧俗姓阮名明空，來治開平，出家住此寺，有德行，頗知名。一日，明空從外來，其同房僧戲隱門內，躍出作虎聲，以怖明空。明空笑曰：「汝修行反作虎耶？我當救汝。」後年僧沒，尋國王李氏生世子，年幾弱冠，忽徧身生毛，踴躍咆哮，頭面漸變虎形。王廣求醫巫，僧道皆無措手。聞明空有法術，遣人乘船請來。明空以小鍋炊飯，欲食水手，使者笑曰：「水手人多，自有食，莫煩常住。」明空曰：「不然，衆皆少喫，見我厚意。」四五十人各盛滿碗，飯亦不盡，人皆奇之。臨晚上船，戒使者與水手皆熟睡一覺，待月出，貧僧喚起乃開船，不然，我且不去。使者懇請不得，皆偃臥假寢，惟覺船下風聲泠然。移時月出呼起，其船已在都下瀰泊矣，經行三百餘里也。乃騰空入宮中，煮水以洗世子，應手毛退，體遂平復。王問故，對曰：「修行人一念迷着，懺洗而已，無難也。」曰：「師得何神通而能空行？」曰：「非也，臣宿有風疾，比發時不見萬象，不知何者爲空，乃信步耳，非神通也。」乃空行回去。賜賚不受，王遂錫以「神僧」封號，因以「空路」名其寺云。世子後爲王，謚曰「神王」。

【十五】入夢療病

東山寺僧名灌園，戒行淸白，慧解圓融，數十餘年不下山。適陳英王患眼月餘，醫藥不效，日夜疼痛。夢見一僧以手摩眼，王問僧自何來？其名爲誰？曰：「我灌園也，來救王眼。」夢覺，眼痛便止，數日平復。訪于僧徒，果有灌園在東山者，命人請來，宛然夢中所見僧也。王大異之，封爲國師，賞賜甚厚。盡將散施，不留一錢，破衲還山，若不經意。自後行脚徧歷山川州縣聚落，凡有淫祀邪神爲民害者，盡將訶斥，伐其廟壇。至于猛烈大神，多有見形見夢，郊迎請命者，則爲之授戒減損血食，使保護生民，無敢犯者。後世人猶德之。

【十六】尼師德行

清涼尼師俗姓范氏，交趾世祿家女出家。庵居清涼山，毀服苦行，戒律精勤，慧解通暢。常習禪定，面貌酷似羅漢。遠近僧俗莫不敬仰，蔚爲一國尼徒宗師，與諸大德齊名。洪武間，陳藝王賜號慧通大師。既老，移居望東山。一日，忽謂其徒曰：「吾欲以此幻軀，施與虎狼一飽。」乃入深山兀坐，絕食三七日。虎狼日日環踞莫敢近。其徒懇請還庵，閉門入定。經一夏，乃集衆說法，因而奄然坐化，年八十餘。荼毗有舍利甚多，官爲建塔于本山焉。

先是嘗囑弟子：「吾去後，當分取吾骨，留此間磨洗人疾病。」至收骨時，衆議不忍，乃盡函封。經宿，忽得肘骨在函外桌上，衆皆異其靈驗。後凡有人以病來禱，弟子磨水與之，一洗莫不立愈。其誓願弘深乃至如此。

【十七】感激徒行

陳太上之孫名道載，號文肅者，是仁王之從弟也。自少有才名，十四歲乞入試場，遂登甲科。仁王深器重之，有意大用，不幸短命而亡，故未及爲相也。仁王出家修苦行，文肅自此徒行，曰：「主上行脚徧山川，我縱不能隨從，何忍棄車馬乎！」卒世不易。仁王一時入城，文肅來謁，命官厨以海味食之，笑語盡歡。王占口曰：「紅潤剝龜脚，黃炙馬鞍，山僧持淨戒，同坐不同餐。」觀其君臣兄弟相得如此，足感激也。

【十八】疊字詩格

陳家第二代王曰「聖王」，既傳位世子，晚年頗閒適。嘗游天長故鄉，有詩云：

景清幽物亦清幽，一十仙洲此一洲。百部笙歌禽百舌，千行奴僕橘千頭。月無事照人無事，水有秋涵天有秋。四海已清塵已淨，今年游勝舊年游。

此詩作時蓋經元軍兩度征伐之後，國中安樂，故結意如此。其命意清高，疊字振響，非老于詩者，焉能道此！況自性清高，天然富貴，國君風味，與人自別矣。

【十九】詩意清新

竹林大士詠梅詩云：

五出圓葩金撚鬚，珊瑚沉影海鱗浮。箇三冬白枝前面，此一瓣香春上頭。甘露歌凝癡蝶醒，夜光如水渴禽愁。嫦娥若識花佳處，桂冷蟾寒只麼休。

其清新雄健，迥出人表。千乘之君，趣興如此，誰謂人窮詩乃工乎！又山房漫興二絕句云：

誰縛更將求解脫，不凡何必覓神仙？猿閒馬倦人應老，依舊雲莊一榻禪。

是非言逐朝花落，名利心隨夜雨寒。花盡雨晴山寂寂，一聲啼鳥又春殘。

其瀟灑出塵，長空一色，騷情清楚，逸足超羣。有大香海印集，頗多絕唱。惜其地遭兵火，不得流傳，余只記誦一二而已。吁，可惜哉！

【廿】忠直善終

范遇、范邁本姓祝氏，交趾莊仁人也。兄名堅，弟名固，皆少年登高科，有才名。至正間，在陳明王歷官清要。王以祝氏古無顯人，乃改祝堅爲范遇，固爲范邁。王叔父爲上宰，傳國柄，不避嫌疑，且與宰執有隙。適仇人上變告，誣搆上宰，國相率百官彈劾，議置大辟。獨范邁爲御史中丞，固請緩獄愼刑。時上宰被收，而家臣寮屬、親戚奴僕、下獄殺戮甚衆。邁連上諫疏，面折法司，辯析寃屈，人主威怒之前，力爭不已。王叔既幽死，後得誣搆實跡，坐其姦人。王甚慚愧，追贈叔父極隆。乃賜邁詩云：

臺烏久矣噤無聲，整頓朝綱事匪輕。殿上昂藏鷹虎氣，男兒到此是功名。

尋遷參知政事。在政府多年，有清名。一日微恙，索筆題詩云：

自從謫落下人間，六十餘年一瞬看；白玉樓前秋夜月，朝真依舊傍闌干。

書畢，擲筆而逝。有鏡溪詩集行于世。遇亦廉正能文，與弟齊名，官至審刑院使而卒。

【廿一】詩諷忠諫

至正間，交趾陳元旦以陳家宗冑，仕裕王爲御史大夫。王不勤政，權臣多不法，元旦數諫不納。裕王沒，其侄昏德嗣立，時事愈甚。元旦上書不報，乃乞骸骨而去。有寄臺中寮友詩云：

臺端一去便天涯，回首傷心事事違。九陌塵埃人易老，五湖風雨客思歸。儒風不振回無力，國勢如懸去亦非。今古興亡真可鑑，諸公何忍諫書稀。

後內難起，奔從藝王。王卽位，拜司徒平章事。居相位頗多年而卒。其人通曉曆法，嘗看百世通紀書，上考堯甲辰，下至宋元日月交蝕，星辰躔度，與古符合。奉道精煉，祈雨有應，自號「冰壺子」。

【廿二】詩用前人警句

陳家宗胄有號「岑樓」者，弱冠能詩，二十七歲而卒，有岑樓集行于世，墳在烏鳶江上。介軒阮忠彥亦有詩名，不及相識。行過烏鳶，有追挽詩云：

平生恨不識岑樓，一讀遺編一點頭。簑笠五湖榮佩印，桑麻數畝勝封侯。世間此語誰能道？萬古斯文去已休。欲酹騷魂何處是？煙波萬頃使人愁。

「蓑笠」、「五湖」一聯，是岑樓之詩句也。

【廿三】詩言自負

阮忠彥早有才名，頗自負。嘗有長篇詩，其略云：

介軒先生廊廟器，茂齡已有呑牛志。年方十二太學生，纔登十六充廷試。二十有四入諫官，二十有六燕京使。

其自負矜伐如此。然事陳明王，歷樞要，登政府。卒有令名，不負儒者。官至尚書尤輔，壽八十餘，有介軒集行于世。

【廿四】命遁詩兆

黎括字伯括，清化人也。少時游學都下，其友人為官者，當元季時，奉使燕京。括送詩云：

驛路三千君據鞍，海門二十我還山。中朝使者煙波客，君得功名我得閒。

識者知括將貴。後括登科，果驟遷，擢居政府，先於其友云。

【廿五】詩志功名

范五老事陳仁王為殿帥上將軍，平生出身戎行，頗好讀書，倜儻有大志。喜吟詩，于武事若不經意，然所領軍必為父子之兵，每戰必勝。侍衞勤謹，首寇爪牙之臣。嘗有詩云：

橫槊江山恰幾秋，三軍貔虎氣吞牛。男兒未了功名債，羞聽人間說武侯。

【廿六】小詩麗句

陳家宗胄有號愛山者，頗讀書學詩。偏好花情，多吟小詩，時有麗句，嘗有詩云：

寶鼎香銷沉水煙，碧紗春帳薄如蟬。洞章吟罷愁成海，人在闌干月在天。

又曰：

牕畔香雲暗碧紗，平分午睡不禁茶。相思在望登樓怯，一樹木棉紅盡花。

【廿七】詩酒驚人

演州人胡宗鷟，少年登科，頗有才名。初未甚顯，適至元宵，有道人黎法官者，張燈設席，以延文客。宗鷟受簡請題，一夜席上，賦詩百首，飲酒百杯，衆皆環視，歎服無與敵者。自是名震都下。後以文學為人師，臣事陳藝王，官至翰林學士承旨，兼審刑院使。詩酒無虛日。年八十餘，壽終于家。

【廿八】詩兆餘慶

澄太父之外祖曰阮公，諱聖訓，事陳仁王，爲中書侍郎。性甚仁厚，少年登高科，最能詩，當時無敵，後人稱爲南方詩祖。嘗有田園漫興詩，其一聯云：

巢鳥寄林休伐木，蟻封在地未耕田。

識者歎其仁心及物，必有餘慶。後其女配我曾祖，生太父及陳明王次妃。妃生藝王，卒有贈典尊榮，門閥昌盛之福，果如識者所言，其兆先見于此詩乎！以至四世外孫如澄今者，出自幽谷，遷于喬木，溝斷之餘，濫同成器，豈非先人之澤未割，乃得生逢聖世，深沐堯仁，而有此奇遇也歟！

【廿九】詩稱相職

陳藝王初爲相時，有送元使詩云：

安南老相不能詩，空對金樽送客歸。圓傘山高瀘水碧，遙瞻玉節五雲飛。

其弟恭信，性文雅好詩畫，後爲右相，亦有尋幽詩云：

橋七八重虹宛轉，水東西折綠縈迴。不因看石尋梅去，安得昇平宰相來？

【三十】詩歎致君

冰壺司徒題玄天觀詩云：

白日升天易，致君堯舜難。塵埃六十載，回首媿黃冠。

蓋爲相時，不有功效而興此歎，是亦憂愛在懷，情歸忠厚，詩人所可取也歟！

【三一】貴客相歡

軍頭莫記，東潮人也。出身行伍，酷好吟詩。元統間，伴送元使黃裳，裳亦好詩者，旬日江行，相與唱和，多有佳句，裳甚歡之。至界上留別詩云：

江岸梅花正白，船頭細雨斜飛；行客三冬北去，將軍一棹南歸。

廣信府同知鄒　潘

推官方　重

臨江府推官袁長馭校正。

上饒縣學教諭余學申對讀。

湖州府後學吳仕旦覆訂

紀錄彙編卷之五十終

南翁夢錄 後序

南翁夢錄者，今工部左侍郎黎公所作也。公字孟源，南翁其別號也。公交南之巨擘，賓興天朝，久沐清化，以着才碩德，受知列聖，累遷至亞卿，實奇遇也。公文章政事，兩濟其美。每於公餘之頃，追念舊日賢王良佐之行事，君子善人之處心，貞妃烈婦之操節，緇流羽客之奇術，與夫綺麗之句，幽怪之說，可以傳示於後者，具載成編，名曰南翁夢錄。予與公有鄉曲之好，一日，以斯錄見示，乃遍閱之，因而言曰：

地有遠近，而所同者此心；心有彼我，而所同者此理。以天下之大而言之，交南乃蕞爾之偏方，固不敢與中國齒。以錄中所載者而論之，其修身制行，持心操節，又何異於中國之士君子哉！詩曰：「民之秉彝，好是懿德。」其以此歟！雖然前人之嘉言懿行縱多，然非公之好善有誠，固不能樂聞而著之於心膂之間。今也，不徒聞之而已，而又筆之於書，使前人湮沒之餘，一旦言行彰彰然表暴於世，若予之後生晚學，於事有所未聞者，亦得一覽而知之，匪唯前人之幸，而亦予之一幸也。是錄足以資見聞，乃命繡梓以廣其傳，俾覽者知仁人之用心，而亦以見遐方之多才也歟。禮部尙書胡公旣爲序引，予姑識歲月于後云。

正統七年歲在壬戌五月中浒亞中大夫福建等處承宣布政使司右參政交南宋彰書

南翁夢錄 跋

右南翁夢錄不分卷，黎澄撰。澄字孟源，別號南翁，安南國人，入仕於明，累官至工部左侍郎。越裳立國，南交文化，素同於震旦。其撰述之見於簿錄者，惟黎崱安南志略、無名氏越世略、裴璧皇越詩選而已。此書記彼國賢王良佐之行事，騷人墨客之出處，貞妃烈婦之節操，緇流羽客之奇術，可喜亦可觀。明陶珽續說郛、沈節甫紀錄彙編皆曾刊行，而割裂不完。此舊鈔本有正統間毘陵胡濙、交南宋彰及南翁自序，取較陶、沈兩本，則此爲勝。

庚申五月無錫孫毓修跋

南天忠義實錄

謝明勳校點

南天忠義實錄 出版說明

本書可分爲南天忠義實錄及黎朝節義錄兩部分，後一部分可視爲前者續作，故被納入前書中。今以實錄爲前半部之節稱，義錄爲後半部之簡稱，而以南天忠義實錄代表全書。

實錄編者范丕建，丹鳳楊柳人，生於正治八年（淳福四年，一五六五），卒年不詳。據實錄序後人注謂：「公年五十九歲，登黎神宗永祚五年癸亥科會元。庭試日，文理應置及第第一名，因弘化人阮秩殿對咸白，故不果賜第；但竝賜同進士，公名在第一。後仕至憲察使。」實錄末有後黎朝一節，述及昭統（一七八七～一七八九）年間事，其時范丕建已過世多年，應爲後人補入。

義錄佚編者姓氏，除序出自編者之手外，餘悉據官方搜集之資料編入。先是黎朝太宰范公著（一六〇〇～一六七五）等奏準於前朝節義之臣「加頒封贈，立祠祭祀，以表其忠，遂由阮能紹等查出奏覆，此即本書之前黎節義事略。後至阮朝嗣德年間，都察院有摺請進錄黎末徇義諸臣，翼宗因命禮部咨查，又命越史局彙集前代節義諸臣詩集，並輯其「忠憤感激」者百餘首上呈，皆錄入。其中錄黎侗之北行叢記，並附阮堅甫爲侗所撰墓碑文。本節之末爲禮部工部關於建黎末節義諸臣祠之奏摺。按本節篇幅最多，而無小題標出，混爲一體，眉目不清，今依其內容按類加小題標明。補遺集則爲是時官方調整黎末節義諸臣之報告。

義錄載越南歷代節義詩百餘篇，篇前有作者小傳，甚可寶貴。其中尤以黎末諸臣爲多，且載黎侗（一七五一～一八一一）北行叢記，於黎愍帝維祁流亡中國及清朝如何對待事，記錄甚詳，此爲當事人之證言，爲研究黎末史事及當時清朝、黎朝、阮朝之關係者最需重視之資料。

南天忠義實錄未見刊印，只得抄本，遠東學院編號爲A261，現藏河內漢喃研究所，本書據微膠錄入。抄本半葉九行，行二十字，抄錄工整。惟原書已經後人增補，實錄已增最末一節，義錄又似未經細心整理，雜錄檔案成書。今斟酌整理，俟得異本，再行校勘。

南天忠義實錄序

南越肇自上古成於涇陽王其來當尚矣第以陰陽始判荒服邈遠茫茫桂海杳杳蓬林文明故後於中國其間雖有英雄之主忠義之臣而乍合乍分紛紜不定迨至前後二吳元會運開翼箕得策南北更分於地氣疆陲自別於天書西天應瑞南海鍾靈丁先皇挺生於其間為千古英雄之主平十二使君統一海內建號太平巍巍乎與宋朝而自為帝者由是黎李陳以及皇黎正統相承遂為千萬世文物衣冠之國

書影

南天忠義實錄序

夫上有英雄之主、必下有忠義之臣、世治則盡心而輔國、世亂則殺身以成仁、所遭之世蹤迹道之心則一、此乃天地之正氣、邦家之大寶也歟、今論南天正統、南以丁朝為首、因閱歷朝忠義之臣、筆以記之、為後世賢臣事君之明鑑云

皇黎永祐五年癸亥科進士、丹鳳場郡范吾香建序

公年五十九歲登制神宗永祐五年癸亥科會元、庭試日文理應置及第第一名、因外化人阮秋啟對曳白故不果賜第、但並賜同進士、公名在第一、役仕至憲察使、

丁朝四人

范丕建編輯

南天忠義實錄目錄

丁朝四人

寶國公阮○匐　陳郡公張○甲

與郡公丁○佃　輔郡公范○盎

李朝五人

侍內李仁○義　郭○盛

李玄○師　黎奉○曉

太保蘇憲誠

陳朝二十五人

陳平○仲　何○特　何○彰

南天忠義　目錄　三

書影

杜元○覬
陳○沆
黎○涌
黎亟○夫
裴夢○苙
鄧○畢
阮○表
景○異
胡朝二十三人
范元○瑰
朱秉○忠
陳元○瑄

皇叔○曉
范中○膠
陳○伯
陳日○章
黎猷○甫
阮景○真
阮○帥
人補遺

陳渴○真
阮用○甫
阮○烟
裴伯○耆
阮公○輔
阮○章
鄧○容
朱文○安
陳大○樸

南天忠義實錄 序

南越肇自上古，成於涇陽王，其來尙矣。第以陰陽始判，荒服遐遠，茫茫桂海，杳杳蓬林，文明故後於中國。其間雖有英雄之主，忠義之臣，而乍合乍分，紛紜不定。迨至前後二吳，元會運開，翼箕得策，南北更分於地氣，疆陲自別於天書。西天應瑞，南海鍾靈，丁先皇挺生於其間，爲千古英雄之主。平十二使君，統一海內，建號太平，巍巍乎與宋朝而自爲帝者。由是黎、李、陳以及皇黎，正統相承，遂爲千萬世文物衣冠之國。夫上有英雄之主，必下有忠義之臣，世治則盡心而輔國，世亂則殺身以成仁，所遭之世雖殊，適道之心則一，此乃天地之正氣，邦家之大寶也歟！今論南天正統，南以丁朝爲首，因閱歷朝忠義之臣，筆以記之，爲後世賢臣事君之明鑑云。

皇黎永祚五年癸亥科進士丹鳳楊柳范丕建序。

公年五十九歲，登黎神宗永祚五年癸亥科會元。庭試日，文理應置及第第一名，因弘化人阮秩殿對曳白，故不果賜第；但竝賜同進士，公名在第一。後仕至憲察使。

范丕建編輯

【一】丁朝四人

定國公阮匐、陳郡公張甲、興郡公丁佃、輔郡公范盍，皆大黃花閭人，與先皇同閈，年同甲子。微時，以蘆花左右引導，象天子儀衞，其國叔丁預怒擊之，諸公支吾，帝乃得走脫。後諸公與帝出師平十二使君，帝卽位，皆爲大臣輔政。帝在位十二年，夜宴醉臥，內人杜釋弑帝及南越王璉（祇候內人杜釋，天本大堤社，夜臥橋上，忽夢見流星入口，以爲休祥，遂萌異志。）。諸公聞變，闔城門，捕賊益急。釋潛伏宮霤，踰三日，渴甚，遇雨，引手承天水而飲。宮女見之，以告，乃收殺之，碎其骨，國人爭啖其肉。四公共扶帝少子璿卽位。

時黎桓爲十道將軍，總國兵柄，得出入禁中，楊太后遂與之私。后令桓居攝，行周公事。桓挾后寵，輕侮同列。匐等不平，相與謀曰：「太后內亂，桓將有不利之心，吾等受國厚恩，苟不早清君側之賊，以絕亂本，何面目以見先帝於泉下乎！」遂相率起兵，分水陸二道，向京師以誅桓。楊太后令桓率兵與匐等戰于西都，匐等敗走；又以舟師再戰，桓乘風縱火，焚其戰船，佃、甲死于陣，執匐檻歸京師。盍見匐敗，軍氣沮喪，奔北江。桓要執之，與匐殺于京。忠義之臣既盡，桓無忌憚，簒位，丁祚遂亡。

【二】李朝五人 一本又有楊手

侍內李仁義，廷臣郭盛、李玄師、黎奉曉，爲東京侍下（一本有楊手）。李太祖崩，帝子東征，翊聖、武德三王謀簒位，乃率三府兵入禁城，分伏在龍城及廣福門，俟太子襲誅之。有頃，太子自祥符門入，至乾元殿，覺變，命內豎閉諸殿門，及宮中衞士防守，謂仁義等曰：「吾豈不知周公、唐皇之所爲若是，其出於不得已也歟！吾欲掩晦其罪惡，使自渲伏，以全骨肉爲上耳。」移時，三府攻益急，太子度不能制，乃曰：「勢旣如此，我何面目見三王乎？吾但成服，奉侍先帝柩前，此外一委卿等。」仁義、春曉拜泣曰：「死君之難，臣子分事，今殿下旣得死所，臣等又何辭？」乃令衞士開門出戰，人樂赴難，無不一當百。旣接戰，奉曉怒奮拔劍，直至廣福門大呼曰：「武德三王，窺伺神器，蔑視嗣王，上忘先帝之恩，下背臣子之義，今日之事，奉曉惟有劍耳。」乃直犯武德王，擊殺之。三府兵敗走，追殺殆盡；翊聖、東征王走免。奉曉、仁義等奏捷于太祖柩前，又詣乾元殿奏知太子。太子執奉曉手曰：「吾所以克荷先帝之丕基，全父母之遺體，卿等之力也。吾常觀唐史，見敬德匡王之難，自謂後世人臣無可比者，今日遭變，乃知卿等之忠勇過敬德遠矣。」奉曉等拜謝曰：「殿下仁感天也，孝動神人，敢有異圖者，天地神祇皆殛其靈而滅之，臣等何力之有！」拜爲侍中掌府事。沒後，贈太保平郡公，賜諡雄勇烈義大王，立廟于弘化縣陽山社。仁義等竝進封公爵，沒後，均贈福神。

蘇憲誠當李英宗世爲太保，受遺命，輔少主。太后欲廢立（廢太子龍昶），不從。太后以金銀賂誠妻呂氏，誠正色曰：「吾以大臣受顧命，今受賂而行廢立，何面目見先帝於地下乎？」后以百端告誘之，誠固執不從，事乃寢，時人稱爲南國伊周。後人鄧鳴謙詠史詩云：「大節堂堂可托孤，百端利誘寂如無。平生疾惡心仍在，肯上陳家四輔圖。」（周公、霍光、諸葛、憲誠。）

【三】陳朝二十五人

保義王陳平仲（原姓黎，大行皇帝之後，賜國姓。），當仁宗紹寶六年，元人入寇，帝詔王與興道大王，率兵以禦之。時駐天幂江，王棹船往赴之。元人見王兵少，悉衆以戰。王大敗，被執，數日不食。元人將問以國事，王不答而罵之。賊曰：「爲北王乎？」王厲聲曰：「寧爲南鬼，不爲北王。」遂遇害。上皇聖尊聞之震悼。及元人還國，仁尊念其忠，追贈爲推義保義智力定勝威武王，立廟于幔幬洲社以祀之（村民有祈卽應，頗著英靈。）。

中輔人何特，淸化之豪傑也。仁尊時，元人入寇，遊兵至扶寧縣，特率衆及鄉兵上峙山，築城固守。元人素聞其名，不敢與戰，夜潛引去。特追戰于河臘，酣戰殊死。弟彰爲賊所獲，竊得旗幟而還，率兵夜襲，人士怒激，大破元兵。平元後，仁宗贈特爲統制大將軍，賜謚全忠，仍令中輔立廟祀之。弟彰，賜爵關內侯。

鐵戶將軍杜元覰，平樂和安人。爲人忠勇，嘗謂人曰：「男子須當死於國事，我今生逢平世，安得違吾之心乎？」及憲宗征占城，覰大喜，時方臥病，卽命家人舁詣永安門外，固請扈駕，曰：「寧死于國事，不願死于家門。」上皇許之，令其子携藥師以從。覰不許，曰：「弗吾願也，何病可醫。」已而奮志向前，大破占城。及回，卒于道。帝嘉其忠，贈太尉，賜謚安忠，詔民立廟祀事，賜田三十畝。

皇國叔名曉，明尊第十三子也。爲人明達純行，帝愛之，欲立爲嗣。見國步漸衰，奸臣肆虐，固讓位于其兄。及後，睿宗征占城崩，上皇立帝子晛爲帝，建元昌符。帝雖年少，爲人英達夙成，慨然有平治之志，乃尊爲皇大叔，用以國政。日夜與帝謀扶社稷，以誅季犛。已而事覺，季犛密謀誣陷，逼奏上皇廢爲靈德大王，囚于資福寺殺之。叔乃挈家走占城，以圖恢復。過大安縣，大安父老號泣迎拜，叔亦爲之墜淚，因留宿一夜，慰安父老，厚賜之。五鼓起行，謂父老曰：「我今後返旆，不忘父老之情；事若不成，父老勿忘今日。」卽戴星而行，道旁間父老遮道拜送，皇叔多謝而去。

至占城，其主制蓬莪聞皇叔至，大喜，發兵以迎，築館以處，呼爲爺保君（卽我稱尚父也），以賓禮待之。皇叔乃與占主道其故，欲賴他兵威，以圖恢復。占主許之，方爲之料理，事未集而卒。病亟時，謂其徒曰：「今我志雖不遂，然其心暴白於天地間，我無愧於我祖尊天下乎，可歸附葬于太尊陵旁也。」占人痛惜，厚禮送之，使其徒負骨歸葬。途經故處，鄉人聞之，無不號哭，遮道奠祭，感其厚澤。令民立廟祀之。黎太祖順天二年，加封，祀事民上其事，帝嘉其忠義，追封爲仁恩忠義大王。

上將軍陳渴眞，太保陳沆，於陳朝少帝建新二年，季犛弑順尊，二公陰與謀曰：「我兄弟受國厚恩，不可不報。今季犛弑逆，普天同惡，況兄掌兵權，弟侍帷幄，而弑逆之賊，不誅之，禍必延及。」乃出盟誓，禮于頓山。沆請季犛幸第，坐于花樓下，奏（樂）以觀之。遣刺客家人范牛膝按劍在季犛側，露見劍帶，季犛望見，沆瞪目止之。季犛驚起下樓，牛膝擲劍于地曰：「舉衆徒死矣。」季犛收沆殺之。眞登頓山上，仰天呼曰：「我不能斬逆臣，天也。」季犛執眞至，謂曰：「公能服我，我不害公矣。」眞罵曰：「汝罪通天，我恨不能殺之耳，何服之有。」遂遇害。季犛又赦牛膝曰：「壯士也，亦可收用。」牛膝叱罵曰：「臣死忠，子死孝，天地之常經，人倫之大義。」乃自刎而死。

按眞、沆乃黎大行之後，保義王平仲之孫，及爲季犛盡屠其親屬，黎族自是絕矣。後皇黎太祖定天下，登秩百神，民上其事，帝嘉其忠義，封眞爲湘枚大王，沆爲黃梅大王（今廟在黃梅總梅二社奉祀），封范牛膝爲外郎將軍，廟在勸郎（一作勸功）社。

阮用甫，淸化古藤（今弘化）人。有機警，爲陳順宗大行譴兼侍中，見季犛暗干，乃上書曰：「章黃何號？蒲黃何絕？奈先帝委任何如？」季犛召問謂曰：「我國之大臣，豈知有何人哉！」

季犛囚數日，赦，又召問，公卽擊頭頸于大安階而死。季犛召其子平，許歸葬。

黎桷，少帝時爲安撫使，治義安。占人入寇，率衆拒之，爲占人所執，迫令下拜，桷罵曰：「我大國之重臣，何肯拜汝爲！」罵不絕口，占人殺之。帝贈爲罵賊忠武侯，以其子柄爲侍中。

陳覇者，陳之宗室也，少帝時爲侍中衞士。嘗憤季犛僭竊，謂其子元曰：「吾生原爲陳親屬，受君厚恩，今坐視國祚衰微，强臣放肆，不能誅除，以扶社稷，何以見先帝於地下乎？」乃挾匕首伏于龍橋樑上，待季犛至刺之。頃之，果至橋頭，馬長鳴不肯上橋。季犛索之，果得覇。執叩之，曰：「我是陳人，伏此以殺逆賊，尚何問乎？」季犛卽殺之。

阮烟，清化潭州安平人，陳英宗世爲內書正堂大行遣判義安阮輔國之子。年二十，以父蔭補東山縣尹，六年滿考。藝宗紹慶二年，爲太子書記。睿宗隆慶元年，爲金龍殿知殿事。二年，帝征占城，烟請行，許之。至占境，帝陣前崩。時烟守行在，乃托行人潛入占國圖回，爲占人所得。問之，乃以情告，彼嘉其忠義壯志，許負帝躬回。廢帝得報，心深嘉之。後扶帝柩回京，渡平化江，卒被暴風，烟抱帝柩慟哭，舟壞而亡。廢帝聞而哀之，追封爲福神，詔民主祀事。

黎亞夫，陳昌符中爲御史大夫。時陳𩕳爲太尉，坐黑交椅；季犛爲平章事，亦爲黑交椅。亞夫請去季犛椅不得，又與太尉謀殺季犛。事泄，與學生劉常俱被殺。

劉常，昌符中大學生，見賊臣專肆，與黎亞夫同謀誅之。事泄，反爲所殺。臨死有云：「年殘四十又餘三，忠義逢誅死正甘。抱道生前應不怍，暴屍原上更何慚。」

陳宗室陳日章，與衆謀殺逆臣。事覺，更爲季犛所殺。

裴覇者，清化筆山人，爲陳少帝侍中。及陳爲胡賊篡，傳位于漢蒼，求封于明，詐稱陳氏已絕，漢蒼卽陳之外孫，明封爲國王。時覇者在家，詣闕上書告難，言逆胡篡奪，請立陳後。明皇帝怒，安置陝西。籍耆家，得陳舊臣黎景詢作萬言書，言季犛之奸，寄覇耆上書請立陳後。明人見而惡之，捕送金陵下吏治獄，與子大顛俱死。

裴夢華，清化平和人，監生。順宗世大旱，詔求直言。華上言：「臣聞讖言『深哉黎帥』，以此觀之，季犛必有謀篡。」上皇以示，季犛深憾之。後季犛專政，夢華隱于安祈山。及季犛篡位，夢華飲藥卒。

黎獻甫，京北人，於睿宗隆慶二年二月，上皇御天長重光宮，大試進士，公中第一甲第二名，年方三十歲；爲大學士，又知審刑院事。公爲人忠直，不畏權豪。季犛專肆，常於政事堂與太尉陳顛坐黑椅几，公入見，曰：「黑椅坐矣，金龍朱椅，亦將坐乎？」季犛曰：「請公易此心也。」公曰：「吾心天予，安可易乎？詩云：『我心匪席，不可卷也。我心匪石，不可轉也。』是吾之心也。」季犛深惡之。廢帝知公與季犛抗，深嘉信重之，遷爲獻簡大夫。公日夜與帝謀誅季犛。會公入府，公令門客挾匕首刺之，爲季犛所得。季犛令執公，公仰天嘆曰：「寸刃除殘天地白，一心報國鬼神知。」死於昌符之年。廢帝深痛之，具銅棺儀物厚以予之，然畏季犛不敢宣贈，密令社民奉祀。同年黃甲陳俊（青林上谷人）以詩哭之：「子止孝兮臣止忠，光岳雖兮今古同，千載休談成敗事，滿襟洒淚想英雄。」

探花阮公輔，御天（今興仁縣）敬塘人，爲司業入侍經筵，陞刑部參知。公爲人公正，深嫉季犛之僭橫，常有詩云：「堪嗟王莽謙恭日，深慨唐玄委政年。」季犛奏誹謗不道，上召問，對曰：「季犛之推讓，即王莽之謙恭。季犛之輔政，即林甫之專權。」季犛怒，迫之死。

鄧國公鄧悉、參謀軍事阮景眞，尊立陳簡定帝（簡定帝，藝宗之次子也。天長人陳肇基迎立之，即位于長安洲模渡，有衆數千餘。明將沐晟率兵萬餘襲破之，大將陳琨，監軍王勇，副軍事覇升，與二皇子請拒戰，軍士數百人皆溺死，餘軍大潰，帝奔入長安。），同心輔政。興慶元年，略定演洲，收取清化，破沐晟百萬兵于逋姑，又破張輔於東關，國勢方張。帝信內人阮簣、阮莊之譖（言悉、眞陰謀不軌。），乃殺之。由是悉子鄧容，眞子景異，乃迎陳季擴至義安立之，即位于支離，建元重光。以阮帥爲太傅，景異爲太保，鄧容爲平章事，阮奉爲司馬，諸臣宣力，共圖國事。二年，遣行譴阮日孜、黎銀求封，爲明人所殺。事聞，帝贈二人爲大司徒。三年，幸化州，命臺臣阮表充求封，使賫金銀及方物以貢。至義安，張輔留之，表怒罵輔曰：「內圖攻取之計，外揚仁義之名，既許立陳宗，又設郡縣，不惟掠取貨寶，抑且殘害生民，汝其虐賊也。」輔怒殺之。帝贈太傅，以三子爲郎中。五年，帝走老撾，輔追捕之，并異、容歸義安。異罵輔曰：「我不能殺汝，天也，何事而問。」罵不絕口。輔怒殺之，而啖其肝。太傅阮帥在東關聞之，謂其妻曰：「臣子事君，死生與之，昔享其恩祿，今又同死於國，豈非忠義之道哉！」乃求見帝，相持而哭。明將士見之大驚，稱曰：「南國忠臣義士無二焉。」帝後爲明人送歸北，帝投明江而崩，容隨入水死。帥聞帝已亡，日與監軍守指揮圍碁，浸相狎比，以碁秤擊殺之，赴水死。

後黎朝聖宗錄後陳忠義士鄧容以下，並封福神。

又補遺

朱文安，清潭（今青池縣）人，陳文宗朝，中第一甲（第）二名。性剛介，清修苦節，不求利達，明宗以爲國子監司業，授太子經。裕宗怠于政，權臣多不能法，先生諫不聽，乃上疏請斬佞臣七人，皆權臣也。疏入不報，乃辭歸田里。及藝宗立，謁見不仕。後復還至靈安子山隱居。沒後，從祀文廟。後學鄧鳴謙詠史詩云：

七斬章成便掛冠，至靈歸老有餘閒。清修苦節高千古，士望岩岩仰斗山。

【四】胡朝

明黃中（明大將）將兵來侵，二衞大將軍范光瑰、振剛統水軍將軍朱秉忠、三輔將軍陳元暄、左翊將軍陳大樸皆敗死，漢蒼均贈伯爵。阮希周爲北江安撫使，爲明張輔所執，周不屈，凌罵輔爲殘賊，輔怒殺之。事聞，贈太尉，以其子興爲大行遣。

掌侍衞將軍阮平與沐晟戰于橫山，兵敗，死之，贈大司徒。

神武將軍吳順成乘潮擊張輔於膠水，陣陷，投水死，贈衞騎上將軍，以三子爲郎中。

漢蒼被擒時，胡括、范大才、阮彥光、段孼從之，爲張輔所殺。

明軍至義安，胡枚、胡滿、胡射、陳段將步兵水兵，將軍杜人鑑、陳克莊、阮公極伏在海岸，明兩面交擊，將士盡溺水死。

吳勉直、長橋表相友，俱爲內閣大學士。胡爲明人所執，二人相謂曰：「我等一生受君祿，今君亡國破，而妄自求生全，豈臣子忠義之道哉？」皆投水死。勉直之妻阮氏聞之，曰：「吾夫事君食祿，而今死義，得其所矣；夫既全忠，妻豈忘義，以忠臣之婦而貪生取辱，死何面目見夫乎？」亦投水而死。至黎朝聖宗，令民立祠祀之，加賜「節義」二字金扁（匾）。

左司郎中范耕如明求封（胡漢蒼時），通判劉光庭副之。明人問以國事，耕不對。明人刼之，耕曰：「今來求和，許與不許自在北朝，何必更問南朝事。」明乃許光庭回。事聞，漢蒼封耕子二人爲郎中令。後二胡至金陵，耕來省哭拜。明人怒，殺之。

【五】黎朝忠義諸臣

黎來與太祖同里，共起兵，爲大司徒。時帝（初稱爲平定王）居藍山，兵尚少，明人索求不已。王自念勢寡不敵，欲遯其跡，會將佐謂曰：「誰能以身代我，使我得以晦跡，陰收士馬，以圖後舉，則與國同休，其子孫相繼錄用。」來請自當。帝乃拜天祝曰：「黎來以身代主，後日若忘其功，願宮殿成山林，寶印成銅錫，神劍成刄。」來乃引兵至西城，大呼挑戰，自稱平定王。明人圍執之，置之極刑。後帝封二子覊、瑗爲中郎將。卽位，贈來太上國公元勳功臣，賜謚曰忠勇大王，從祀太廟。至嘉宗（陽德元年）給祭田百畝。

黎石，帝之侄也。爲相國，帝使進攻哀牢，中藥矢陣亡。後贈平郡公，謚曰忠烈，從祀太廟，再加封福神。

黎禮與帝同里，起兵時，爲司空，與大將黎熾以鐵騎軍擊明兵於湄洞。王通見我兵少，盡率精兵擊之。禮、熾被象陷陣中，爲明人所獲。禮不屈，遂遇害。熾後逃歸。帝卽位後，追贈郕國公，賜謚曰忠懷，從祀太廟。世宗加封福神，賜祭田三十畝。

黎篆爲明將方政圍於慈廉，力戰而死。後贈太保上國公，賜謚武定，封子陵爲上位侯。世宗封福神，賜祭田三十畝。

阮宗偉，義安人，從太祖起兵。定淸化時，爲兵部員外郎。帝卽位，爲大行遣。爲人剛直不阿，朝士多惡之。時帝求人往使占城，諭國王修好。廷臣擧之，帝使與數十人俱。及回時，義安人李平、王慶等，聚黨數千，略破小民，橫行數郡，道路不通。帝命大將軍黎世泰將兵數萬，平定義安。泰引兵至義安六年城駐營。偉聞之，卽與行人就道，欲赴泰營。至安慶平沙，賊見之，遮道掠取。偉拔刀刺殺一校尉及數人。賊怒，盡殺之，悉取財物，投屍于道旁而去。

及夜，泰夢見一人衣白衣來，謂曰：「我大行遣阮宗偉，爲賊所殺，將軍有厚情於我，我亦以大德報之。」平旦軍至安慶社沙堤處，見一死屍，衣白衣，暴露臥于道旁。泰視之，乃夢見之人也，備禮厚葬之。既而引兵至平沙夜駐，賊引兵暗至。泰方睡，見白衣人搖首曰：「賊至賊至，將軍起！」泰大驚起，卽麾兵列陣。賊果至，官軍大戰，忽有火自上復于下，盡燒賊營。賊大驚，敗走而死，斬獲甚衆，義〔安〕境以平。將軍立廟尊爲布路大王，令民祀事之。及回奏聞，帝嘉其忠義，封爲上等福神。

亞侯黎備，爲人强壯，帝與明戰敗走，公在後，爲方政所執，罵賊不止，被害。帝哀悼，賜謚忠愍，子襲封亞侯。世宗贈封福神，賜祭田三十畝。

阮廌，上福藥溪人。二十七歲，中胡朝庚戌科二甲，仕至都簾御史。胡亡，太祖起義，上平吳策，運籌帷帳，爲開國元勳。後見一少女賣席西湖（名氏路），公納之。內監允元言氏路之美於太宗，帝令召見，以爲宮中學士。悅而幸之，夜暴崩，公因此得慘禍。聖宗念其忠誠，召其子鷳鷳襲封，贈爲太保濟文侯，謚貞愍，立廟故鄉，封上等福神，賜田五十畝。

阮光弼，嘉定（今改嘉平縣）平吳人。年二十，中洪德甲辰科第一甲第三名，仕至御史大夫。受顧命，立肅宗。威穆帝恨不立己，貶廣南，迫殺之。襄翼帝卽位，追贈吏部尙書，賜謚貞定，封福神。

范阮寶，大安興富人。三十二歲，中洪德丁未科第二甲進士。公善武藝，帝改除武階掌侍內。洪德二十八年，興化源頭玉樓寨主爺多里，誘哀牢林郎蠻兵得萬餘，攻興化俱下。公請行，帝許之。與大將軍陳祥，將兵數萬討之，至境略平。數月回奏聞，帝嘉其能，以爲義安鎭守。後帝征岔鑾，公請扈駕先行，帝許之。率兵進，三日病死。帝痛惜之，贈少尉，賜謚曰武成，詔本鎮兵護送還葬，令民祀之。

【六】 前黎節義諸臣

世宗毅皇帝光興十八年，平莫亂，詔前黎節義諸臣，今所在方民以事上聞，並封福神，詔民立廟祀之。其節義諸臣列後：

阮紹知，立石春雷人。三十歲，中洪德九年戊戌科進士，仕至侍中，兼戶部尚書致仕。年九十一，聞其子元崇從僞莫爲都督，公呼元崇弟囑以後事，不許元崇爲子；入向藍山廟拜禮畢，自刎而死。贈春郡公，賜謚忠正。後人有詠詩云：「累朝輔國受皇恩，九十餘年齒德尊。富貴功名如草莽，國存便是與身存。」

武睿，山圍程舍人，少有神童名。年二十三，中洪德二十一年庚戌科第一甲進士狀元及第第一名。仕至吏部尚書，兼東閣大學士，入侍經筵，加少保程溪侯。僞莫篡位，光紹皇帝出城日，公率鄉兵固守，地方節義諸臣多從之。後知勢力弗敵，從帝回清化，起義兵不成，詣藍山陵廟瞻拜禮畢，自刎而死。贈程郡公，賜謚忠宣。有詠詩云：「一舉登科年少時，名儒事業世間奇。凌凌少保心如鐵，不負皇王昔簡知。」

吳煥，青林上答人。三十歲，中洪德二十一年庚戌科一甲及第第二名。預騷壇，仕至戶部尚書。後從光紹帝幸哀牢，謀事不成，自刎而死。追贈推忠功臣青郡公，賜謚忠懷。有詠詩云：「價重騷壇位踐臺，先生榮進已安排。兩間俯仰心無愧，是是非非定後來。」

阮敬篤，山圍春隴人。登紹光皇帝戊寅科進士及第第二名，仕至侍中。從光紹皇帝出城日，與業師狀元武睿，率鄉兵拒守。及後決志從君，諸臣多往從之。夜宿客館，多有思歸者，敬篤罵曰：「犬猪不可與居，人各有心，抑又誰禁，爾等何不速歸，以取富貴。」扈從至清化，瞻仰拜山陵，自刎而死。贈山郡公，賜謚忠順。有詠詩云：「厄遭陽九勵扶危，師訓無忘患難時，笑殺路邊猪犬輩，滔滔富貴果何爲。」

范道富，大安興富人。二十八歲，中洪德二十一年庚戌科進士，預騷壇，仕至刑部左侍郎。恭帝統元七年，莫簒位，棄官歸家教授生徒，爲世儒宗，莫召不出，自終于家。贈刑部參知，賜謚忠懿。

譚愼徽，東岸翁墨（今改香墨）人。二十八歲，中洪德二十一年庚戌科進士，預騷壇，奉使仕至竭節翊運功臣禮部尙書，知昭文館兼知翰林院事，入侍經筵，臨川覇。僞莫簒位，從光紹皇帝出城日，公受密詔，歸北江糾出鄉兵拒守，諸臣多從之。後勢力弗敵，走入安世縣，飲藥而死。追贈東郡公太保，賜謚忠亮。有詠詩云：「學有家庭將相科，烏臺升坐帝恩多。竭誠報國吾能事，天意難回且奈何。」

黎俊懋（一作茂），安豐春雷人。二十四歲，中洪德二十一年庚戌科進士，仕至兵部尙書兼都御史。光紹皇帝出城日，與譚公等受詔出鄉兵拒守。莫簒位，召入朝，公袖石投之，罵曰：「我不能殺汝，又肯臣之乎？」自刎而死。贈太師春國公，賜謚忠顯，上等福神，賜田三十畝。有詠詩云：「龍虎烏臺不負名，始終報國一忠誠。帶中記取天祥詠，生也榮兮死也榮。」

家譜：公原縣內安阜人，爲春雷社人養子（過房子。）。少有膂力，善食，好讀書。及贅妻家，夜無讀書，岳父怪之，告養父曰：「竊聞今嗣好學，是以賤女妻之，今更寂然不聞讀書，何也？」養父笑曰：「他饑耳，君侯所許飯食若何？」岳父笑曰：「我家雖貧，豈不能飽食一壻耶！」養父曰：「饑甚饑甚，安能讀書？」岳父回，飭岳母每飯私整一斗米以食新郎。是夜相公讀書得一更而已。來日岳父又飭厨人煮二斗食之，至夜相公讀書至二更。自是厨人日增之，一飯至五斗米，相公讀書達旦。遂成大才，馳名京邑。以洪德庚戌科舉正進士第，仕至尚書兼都御史。辰莫登庸以交跌起家，權傾中外，朝野多歸心焉。相公諫曰：「登庸起身微賤，頗有反相，不可使在帝左右。」帝曰：「卿能與彼交跌否？」相公對曰：「臣雖出自儒流，未閑武藝，然奉有君命，死不敢辭。倘若幸而得勝，登庸有傷，願無見罪。」帝許之，期以來日交跌。相公回家，飭厨人於是夜烹天堝飯，再炒乾，至大早飽食入朝，凡髮髻竝藏飯針。至朝罷，帝命相公解朝服，與登庸裸身交跌。日已中，相公炒飯未消盡，頗兼忠憤所激，氣力倍加，向望登庸直來，相公一握撲在地面，公扼其腕，揉其喉，大罵曰：「反賊命休，臣去君邊之賊，絕後日之憂，在此舉矣。」舉朝震慄，莫敢動者。帝望見相公頭勢甚惡，登庸命在斯須，降旨救解之，曰：「卿之忠勇，朕知矣，朝廷知矣，國人知矣。但登庸朕之愛臣，若今見殺，朕寢不安席，食不甘味，請活一命，以付朕心。」相公不敢重違君命，只得放手上前奏曰：「國之存亡天也，登庸不死，必篡黎家。小臣愚昧，不忍視登庸之篡竊也，請歸田里，以終天年。」帝許之。相公辭歸，佯爲失明，田園安養。

及登庸僭位，以相公爲國之重臣，卽招致之，以收人望。公應召而至，登庸大喜，設賓人愛迎公入，分賓主而坐，從容言曰：「曩者朕與先生比肩，不圖今日至此，敢煩尊體，辱顧舊情，以天下爲重，救生民之命，如何？」公佯應曰：「老父田野棄人，今蒙見召，不幸目昏，不識龍體，請得近前詳認，龍體能如舊日否？」登庸許之。相公近前，卽唾登庸面，以石投之，張目大罵曰：「反國之賊，狗彘不食其餘，況我堂堂大黎之臣，豈肯作汝之臣僕耶！」乃投柱而死。庸感其義烈，草勅封贈。飭送至春雷地頭，忽風雷大作，燒盡僞敕，人大驚駭。黎中興，景治間，錄節義臣，榮封大王上等神。今祠在春雷社地方分月德江之岸東。

杜絪，細江（今改文江）賴屋人。二十歲，中洪德二十四年癸丑第二甲進士。奉使，仕至禮部尙書，兼都御史東閣大學士，入侍經筵。莫僭位，召公入朝訪問。公告聾，請入近對。登庸許之，延坐，公啗芙蓄唾其面，罵曰：「奸賊殺我矣，何事問我！」登庸揮左右扶出去。公擊頭于門柱而死。贈賴國公太師，賜諡忠貞，封上等福神，賜田三十畝。

阮自彊，東岸三山人，以洪順六年甲戌科舉正進士第，仕至憲察使。莫僭位，光紹皇帝出城日，與譚公率鄉兵拒戰於亭榜李朝陵。後勢力弗敵，兵敗歸家，閉門自刎而死。有詠詩云：「路經古廟樹連天，慷慨忠臣報國年。誰謂得忠斯失孝，得忠便是孝兼全。」

阮和衷，東岸三山人。二十三歲，中光紹三年戊辰科第二甲進士，仕至翰林侍制，兼御史大夫。莫將篡，公求刺客往誅之。事覺，爲莫所殺。贈太保山郡公，賜諡忠烈。

阮文運，錦江軸安人。二十六歲，中威穆帝端慶元年乙丑科進士，仕至御史大夫。莫篡位，從昭宗幸清化，爲莫所殺。贈戶部尙書，賜諡忠安。

張孚說，青沔金兜人。四十歲，中端慶元年乙丑科第二甲進士，仕至侍中大學士。莫篡位，召公令草禪詔，公張目大叱曰：「此何義也，我今惟有死耳，安得有詔書。」不拜而出，歸家飲藥而卒。贈吏部尙書，賜諡忠誠。

鄔龜齡，東山日舍人。三十六歲，中端慶元年乙丑科進士，仕至侍中大學士。奉北使，及回，莫已篡位。公大罵，至龍耳橋，具衣冠，拜天投江而死。贈大司馬山郡公，賜諡忠靖。

阮維祥，安朗理海人。二十四歲，中端慶四年戊辰科進士，仕至參政。及莫篡位，光紹皇帝出城日，率鄉兵拒守。與戰不利，公仰天長嘆，卽自斷左臂寄其母，又與賊戰，力屈自刎而死。

有詠詩云：「科第重登四海聞，捐生義肯負爲臣。子孫奕世登儒選，天理昭然肯在人。」

黎無彊，安朗天祿人。二十二歲，中洪順三年辛未科進士，仕至禮部左侍郎。從光紹皇帝出犇，爲莫所獲，不屈自刎而死。有詠詩云：「一生忠義借文章，兄弟聲名累世光。臣子事君如事父，從亡則死死何妨。」

阮瑀，青威耕獲人。三十二歲，中洪順六年二甲進士，仕至侍中承旨太尉。鄭惽殺襄翼帝，時公從帝行，抱屍而泣，賊幷殺之。光紹年中，贈侍中大學士，賜謚完節。

阮有嚴，東岸福溪人（今改壽溪）。年二十八歲，中端慶四年戊辰科進士及第三名，仕至翰林侍書。莫篡位，光紹皇帝出城日，與譚公出鄉兵拒守。勢窮不屈，自刎而死。有詠詩云：「世變風移恨未禁，夙期圖振是臣心。老天不識曾知否？一箇忠誠禍更深。」

家譜：公乃香墨相公譚愼徽之門弟子也。僞莫僭位，公從譚相公起義。不克，譚相公死之。公以老母在，未敢死，亡命入山西鎭，匿姓名爲主飯奴家。主有男子從學，公代他草文一卷。他覺之，訴于僞官來拿，公大怒曰：「吾不避死，然不肯爲他鄉鬼也。」乃且戰且走。比回家貫，與老母相見。他兵追至，四面圍駐。公泣拜老母，就擒，罵不絕口，僞莫車裂之。黎中興景治年間，錄節義，榮封大王中等福神，立祠春秋祀焉。今香火祠在本社分五縣溪之西岸。

賴金榜，錦江金蘭人。三十八歲，中光紹戊寅科進士，仕至都察御史。莫氏篡位，從光紹皇帝出城日，當患難中，上食，不忘朝廷上下之分。卒爲莫所獲，大罵反賊，不肯屈，自刎而死。有詠詩云：「成仁取義聖賢書，當日偸生愧不如。千里錦江橋上路，風雲長蔭護儲胥。」

阮泰拔，錦江平浪人。二十二歲，中光紹庚辰科進士，仕至翰林學士。帝出城日，從義而死。有詠詩云：「虎榜名高早致身，好將忠義答君親。生之事一眞無愧，羞殺黃金玉帶人。」

嚴覇驥，安豐良琴人，有材力，舉造士，爵至平湖伯。光紹皇帝出城日，受密詔率鄉兵拒守，東南諸士多從之，同謀討賊。不克，後勢力弗敵，走入安世縣，自刎而死。贈良郡公。有詠詩云：「武臣材力策平湖，凜烈忠誠報國秋。千載北南橋上路，回看事業使人愁。」

明山覇阮壽，宋山嘉苗人，爲侍內掌府事。莫僭位，謀誅登庸。事覺，爲登庸所殺。贈太尉侯爵，賜謚忠正。

黎宏，黎之宗室也，爲大夫。見莫篡位，伏兵誅之。登庸馬至橋，長嘶不行，命索之得，爲莫所殺。贈關內侯，賜謚忠昭。

阮文郎，宋山嘉苗人，丁朝定國公阮匐之後，長樂皇后之弟，爲肅宗朝統制，掌侍內。後爲威穆帝所謫，回清化。與宗室大臣黎公謹起義于清化，立襄翼帝，封義國公，帝尋加封顯忠功臣義勳大王。王生阮弘裕，襲封清化，兼順、廣。裕生阮淦，恭帝世領父鎭右衞將軍安清侯。及莫篡位，淦率弟子奔哀牢。其主乍斗以爲脣齒之邦，給以岑州人民及土地歸之。由是畜養士卒，陰使人歸國中求得昭宗之子黎寧，立爲帝，建元光和，是爲莊宗，國統復正。帝拜爲國師，定義安、清化二處，封太宰。後爲莫丁公監詐降，置毒于瓜中，誤中毒手卒。帝贈爲昭勳靖公，謚忠獻。英宗以其子阮潢爲端郡公，鎭義安、順、廣等處。阮潢生阮福源。初潢夫人鄭氏有孕時，夢見人與一紙，滿著福字，覺而生子，曰：「此吉兆也，今日夫人生，或男或女，以福爲名。」夫人曰：「否，若以爲名，得一福耳，不若以福爲間字，如此則萬福攸同，乃可以售一紙之字矣。」潢曰：「甚善。」乃號福源。自是以後，舉族皆以福字爲間號。

附：莫僞朝

莫光寶六年，大將關內阮覇啓與黎將鄧檢戰于清化，敗績，啓子將相十六人，皆投于河而死。莫崇康六年，大將范輝與鄧兵戰于襄陽，敗死。

阮正與鄧柞戰于高蒲，戰敗死之。

阮教方，東岸詠橋人，中莫端泰二年第一甲進士，仕至大學士。奉使，入侍經筵，太傅兼御史臺，後從少帝。

武賢，青林墨橋人，中莫進士，仕至刑部侍郎，從廢帝。

陶麟角，青堂黃鄉人，中端泰二年進士，仕至刑部參知，從廢帝。

阮國用，錦江長涇人，中洪寧二年進士，仕至禮部侍郎，從廢帝。

阮仁馥，文江如鳳人，中洪寧二年進士，仕至戶部參知，從廢帝。

阮寧師，四岐東橋人，中洪寧二年進士，仕至刑部參知，從廢帝。

范家門，大安陽回人，中崇康六年第一甲進士及第第三名，仕至大國大學士，入侍經筵，兼御史大夫。莫亡，隱居嚴光寺。鄭累次召之，不出。鄭人怒，殺之。

【七】後黎朝

皇公禇憤鄭公專權，皇家失柄，聚衆將討之。經年不克，死之。至昭統年間，追贈懷義壯威忠貞大王，稔著靈應。

左威將軍霑武侯黃公廉，安朗富華人，舉造士，有材氣，與端南王謀誅驕兵，爲其所殺。追封爲忠義壯烈大王。

陳公輔，清化嘉定人，以不肯受擊皇公旒，自死。贈大司徒，賜謚忠烈。

黎朝節義錄

黎朝節義錄序

君臣天地之大義，亙古今而不可易，是以士君子立身而爲世所重者，莫大乎綱常。當國家無事之時，而守正奉公，建勳立業者，爲易能也。惟於國家搶攘之日，生死利害，得失存亡，寔關乎大節。而能安心守節，毫不可奪者，爲難能焉。故春秋一經，其節義之臣，雖微必錄，所以發潛德之幽光，樹風聲於來許。我國文獻之邦，歷自丁、李、陳之肇造，漸以文明。逮夫黎家立國，郁郁乎文，涵養培植，四百年間，而忠義之臣，於是乎出。前黎中否，莫氏暗干，文武諸臣，或討賊，或從君，死於國事者，固不乏人。然其最著者，十有五人，可謂不負於國矣。其後中興宰臣范公著（遂川人）等，奏準加頒封贈，立祠祭祀，以表其忠。另錄其事，集成一卷，付伊諸族，各守一本，偉迹芳名，至今不朽。及後黎家末造，西賊弄兵，時臣有死於羈難之間，有死於封疆之外者，亦有守節不屈而死者。雖志不克就，而節義可嘉，一場轟烈，萬古如存。考其心迹，較與前黎忠義，若出一轍焉。與其節婦二人，貞節尤偉。但經亂後，孤忠大節，猶多埋沒，未見宣揚；而世之好品評者，頗多失寔。予竊有敎(效)焉，願學春秋之志，因其心而不泥其迹，責其寔而不徇其名，訪取遺稾，集成一編，顏曰黎朝節義錄，以示觀者爲忠臣義士之一助，而於世道庶少補云。是爲序。

【一】前黎節義事略

左侍郎楊郡公臣阮能紹、左侍郎江道伯阮尊體等謹奏：爲臣等奉將原參洪太宰范公著等稟知。奉查前朝節義諸臣，封爲福神，其睿號美字，上等六字，中等四字，付翰林撰。其勅命付該衙門，送行諸記典，禮部著仍差官督本總造作祠廟，在本社地分。武睿、吳煥、阮敬篤，確有從君死節，應封爲上等神。其阮紹知年已九十，聞長子受僞職，不許爲嗣，以後事付少子，夜向藍山而死。譚愼徽受詔率鄉兵拒守，後以勢力弗敵，入安世縣飲藥而卒。黎俊懋受詔率兵固守，不屈而死。阮自强率兵拒守，後勢力弗敵，入安世縣，潛歸閉戶自縊而死。阮維祥率兵固守，不屈而死。凡五員，雖非從君死節，然氣義竝皆可尙，亦應封爲上等神。其黎無彊、阮有嚴、賴金榜、阮泰拔、杜絪、韶龜齡、嚴覇驥等，守節死義，亦皆可嘉，應封爲中等神。餘諸人亦應撰錄事狀，續奏封贈。其睿號敕命祀典廟祠，請依原奏所擬。其祭物付外縣官，詔縣內分補如各神例祭祀。其後裔應行錄用者，付吏部照例除用。其在頃者，應付社本脚註明爲節義子孫，饒除官役，以表節行、勵風俗。臣等謹奏。

一應封爲上等神八員

武睿（山圍程舍人）、吳煥（青林上荅人）、阮敬篤（山圍春隴人）、阮紹知（立石春雷人）、譚愼徽（東岸香墨人）、黎俊懋（安豐春雷人）、阮自强（東岸三山人）、阮維祥（安朗理海人）。

一應封爲中等神七員

黎無彊（安朗理海人）、阮有嚴（東岸福溪人。）、賴金榜（錦江金蘭人）、阮泰拔（錦江平浪人）、杜絪（細江賴屋人）、部龜齡（東山日舍人。）、嚴覇驥（安豐良琴人）。

附錄　**元日賜宴**（錄阮天錫作）

玉律春回瑞氣溫，九重開宴幸承恩。樓臺日燠鈞天響，紳弁星環紫極尊。湛湛聖朝新雨露，熙熙春色滿乾坤。明辰際遇慚無補，飽德常懷一念存。

天祐門待曙

紫陌初鷄夜未央，獸環深鎖漏聲長。微垣高壓蒼龍角，斗柄低垂寶殿傍。風戰鐵冠寒不撓，霜飛象簡冷生光。傍人不敢高聲語，引領偷看晨奏章。

【二】前代節義詩

嗣德十年四月二十七日，內閣臣奉

上諭：前者都察院臣摺請追錄黎末徇義諸臣一摺，經命禮部臣咨查事狀，候旨旌表，玆據奏上，朕詳加披覽。這係旌忠大典，追錄既往，以勸將來，不可不愼也。必其人精忠壯烈，迥出倫輩，如黎倜、陳名案、阮曰肇、阮庭簡、阮庭院、陳光珠、阮文涓、陳名偈、陳珽、阮氏金、潘氏舜之類，方可旌表，以發潛光。若只忘身徇難，無甚異狀，此係人臣分事，未足多也。況册內間有事狀朦朧，姓名差異，必須稽究十分確寔，方得預諸旌表。與夫所應旌表之人，當如何恩典，均著交廷臣詳查妥議具奏，候旨裁定，欽此。

嗣德十年九月日，越史局臣等奏：月前接內閣臣恭錄硃批：「黎倜諸人述懷之詩，一片丹心，悲壯激烈，發乎情，止禮義，觀之可以感人勵世，非如風雲月露之辭也。惜其不見全篇，但得一二句而已。此等有關於世道，誠不可缺。著越史局諸臣稽檢我越前代諸詩，凡如此類者，抄錄進覽，如鄧悉詩之類，欽此欽遵。」

臣等奉查我越前代節義諸臣詩集，間有忠憤感激如此類者，或全篇，或一二句，現得三十二首，經奉進覽。再欽奉硃批：「鄧鳴謙諸作，均係詠史，非出於忠憤，混列不是，宜省之。再詳檢忠義諸人詩，有遺逸，補入，諒不止此，欽此欽遵。」臣等商同咨訪河內、北寧諸省，搜採前代節義諸臣詩集，玆已覆交。臣等謹奉悉心稽檢，續得七十三首，與前次二十九首，共一百二首，輒敢具將姓名詩篇，片列進呈。

計開：

鄧容：

義安省德壽府天祿縣、左天祿社人，鄧悉之子。陳末迎立重光帝，與明人相拒，經百餘戰。後為明人張輔所執，不屈而死。

感懷

世事悠悠奈老何，無窮天地入酣歌。時來屠釣成功易，事去英雄飲恨多。致主有懷扶地軸，洗兵無路挽天河。國仇未報頭先白，幾度龍泉帶月磨。

劉常：

陳昌符中學士，憤胡季犛專肆，與御史大夫黎亞夫謀殺季犛。事泄，為其所害。鄉館失詳，或云月盎人。

臨死自述 欠四句

年殘四十又餘三，忠義逢誅死正甘。抱道生前應不怍，暴屍原上更何慙。

黎獻甫：

海陽省荊門府東潮縣致安社人，陳龍慶二年，中第一甲第二名進士，官至大學士。為人忠直，與陳帝謀殺胡季犛，乃密令門客挾匕首候季犛入府，因刺殺之。事不果，為季犛所殺。

臨死感作 只見一句

寸刄除殘天地白，一心報國鬼神知。

阮公輔：

興安省先興府興仁縣敬塘社人，陳朝官至刑部參知。嫉季犛專肆，作詩諷諫，被季犛迫死。其詩只見一句。

甚嗟王莽謙恭日，深嘆唐玄委政年。

黎景詢：

海陽省平江府唐安縣慕澤社人，有氣慨，陳末作萬言書，勸舊臣裴伯耆如明，請立陳後。明人捕送金陵，不屈而死。

途中感作

無意於知便是知，此生行止豈人為。身雖老矣心仍壯，義有當然死不辭。躡磴捫蘿更萬險，上灘下瀨涉千危。四方便是男兒事，踏遍江山也一奇。

武　睿：

山西省臨洮府山圍縣程舍社人，黎洪德庚戌科中第一甲進士狀元第一名，官至吏部尚書、東閣大學士程泶侯。光紹末，從黎帝幸山西，受詔招集鄉兵討莫登庸，不克。再從帝幸清化，拜謁藍山陵廟，仰藥而死。中興後，封上等福神。

扈駕幸寶州感作

旖旎旌旗掛夕陽，兩宮泛泛駕飛艎，函犀戰士淹江上，服象忠臣死道旁（謂文江人御史大夫杜綱，以直言爲登庸所殺，於春雷社。）。萬里隱菁林有盜，三軍捋穗橐無糧。昇龍自古興王地，何不雌雄決一場？

阮廷簡：清化省河中府弘化縣永治社人，景興乙丑科進士。為人剛直慷慨。黎末收兵勤王，保衛京城，授兵部尚書肇峯侯。及西賊陷昇龍，黎帝北幸，廷簡奔山西起義。西賊使人賫書來訪，廷簡怒罵其使曰：「吾誓不與爾賊竝生，若天不祚黎，有死而已。」賊知其不可屈，募生致之。簡罵不絕口，卒為賊所殺。

自述

邇來為國為身耶？國破身存奈我何。不帶巖鰲撐海嶠，那堪杜宇泣山河。恨無王蠋忠臣劍，浪誦文山正氣歌。回首龍城宮闕在，此身榮辱有皇家。

陳名案：北寧省嘉平縣寶篆社人，昭統丁未科二甲進士。戊申西賊犯昇龍，黎帝播遷于外。案受命如清乞師，詩辭慷慨，聳動北人。清帝嘉其義慨，卽命兩廣總督孫士毅提兵來援，克復昇龍。以功封靖難功臣，陞御史臺副都御史。未幾兵敗，黎帝如清，案不克從，乃遁跡于京北海陽林數間。西賊多方購求，欲授以官，以收人望，使其臣吳士、潘輝益以手招之。案復書，辭甚激切。賊知其不可屈，乃使人密捉之。案至，賊誘强以高官，終不肯屈。尋復遁，與陳光珠、揚廷俊起兵討賊，不克，飲藥而死。自號了庵，有詩集行于後。

奉和御詩

海天一別思悠然，鳳隱龍潛各一天。社稷有懷常鬱結，江湖抱苦歷流連。思賢似我聲容近，戀室何人枕席牽。在此與君相咫尺，莫妨一見話前緣。

莊誦宸翰淚潸（潸）然，孤臣心事付蒼天。茍生縱負文丞相，潔死無慚魯仲連。報國未酬臣子責，無家敢為女兒牽。尋常自不關隆替，結證今生邂逅緣。

過古抛城 案奉命如清乞師，途經古抛城感作。

古抛城上莫城荒，回首微茫是故鄉。處世可無奇舉動，謀家何必重思量。但言宇宙皆吾分，不許江山屬彼强。萬古應傳奇絕事，敝衫殘笠使臣裝。

諒山道中二首

別時天語記叮嚀，社稷存亡係此行。花草對人如話怨，江山似客不知名。三千征路嵐烟老，一片孤忠日月明。跋涉勤勞臣子分，國家恩重故身輕。

瑟瑟寒風送晚秋，溪頭纔過又山頭。人心可恃猶思漢，天命應知未絕周。瞑草自含興廢恨，流泉如咽別離愁。江山信美無佳句，行客何堪寫勝遊。

自述二首

獨有羈臣淚暗流，國情家思兩悠悠。他鄉豈必逢青眼，逆境誰能不白頭。許國孤忠宋丞相，報仇寸舌張留侯。男兒不做轟天事，虛度浮生死便休。

五朝三世四施紳，蹤跡雖貧業未貧。患難處慚無倚住，死生中幸有淄磷。等閒得喪吾儒事，許大尋常君子身。清夜焚香點義易，乾坤開卷有君臣。

新寧道中

飄零萍梗窮遊子，跋涉關山賤有司。許主無才惟口舌，酬人一話失鬚眉。行藏出處有分命，南北東西無險夷。廟社幸安臣責塞，湖山好與病相宜。

南寧病中示阮葆堂

床褥淹(奄)淹不出門，旅愁消得幾黃昏。弱軀仗倚三分瘦，正氣維持一點存。無藥可醫憂國病，有關難阻夢家魂。相憐幸有同心侶，時啓柴扉慰一言。

答南寧知州李

不忍從頭說盛衰，孤燈寂寂客懷悲。寸心戞戞三千路，尺札文章百萬師。生帶鬚眉慚范蠡，死留面目見包胥。老爺應解來人意，那有工夫憶製詩。

北歸過古拋城

六頭江上莫城荒，斷壁殘碑暮靄蒼。花草幾經春代謝，江山猶笑古興亡。烟迷遠浦鄉情重，雲斷孤村旅思忙。南望鑾輿何處是，曦輪一片湧滄浪。

夜泛藥山江

早發浮灘渡，夕泛藥山河。遠山含落日，古樹噪寒鴉。一輪當虛寂，萬景生光華。隔竹認村火，移棹混漁歌。賊舸先還後，殘舟整復斜。堅貞蹈白刃，忠信涉風波。美人在一方，遊子天之涯。世事尚如此，浮生當奈何？

旅夜感懷 索至關上，時清人已受西山降，不許入；不得已返回，感作。

美人宛在白雲鄉，我欲從之阻且長。全仗秋風吹短夢，落楓一夜到吳江。

聞清使來封西山賊感作二首

興亡一夢付悠悠，萍逐滄浪水面浮。巾幗可憐成女國，風塵最苦在房州。匹夫莫詫臣周恥，共主猶含納衛羞。堪笑窮途逋御史，汪汪不敢向人流。

有花不解我心憂，有酒不消我心愁。四百年來尊國地，三千里外客鄉秋。錫圭有命封桓叔，秉筆無人怨紀侯。瘠越不堪充餓鱉，龍編故事說閩甌。

僑居述懷

齒少才疏骨氣驕，擬將隻手挽青霄。御衣著體香猶濕，手詔銘心墨未消。猛記姓名鳴海國，可能蹤跡混漁樵。憐才只有江頭月，常傍寒牕慰寂寥。

過珥河感作二首

圓傘雲如黛，江心水似藍。江山雙過客，天地一征航。舊主殊方北，遺臣故國南。壯心消薄盡，應是老烟嵐。

涓涓素月為誰秋，無恨繁花掃地休。黃葉叢中昭穆廟，白雲深處帝王州。賚封使館新丹堊，賜授兵營舊土丘。萬里天涯何處住，山容寂寞水聲幽。

秋江夕泛

蕭蕭天色入初秋，秋本無愁我自愁。堂陛笑談如在目，穹垓俯仰重回頭。枌榆舊夢隨流水，萍梗生涯寄酒甌。却羨江山蓑笠子，月明風細一漁舟。

冬夜羈懷二首

索方掩門獨坐，戶外樂人言索為虎所傷，不覺失笑偶成。

才小未能維短日，義明不忝照長庚。人心有欲臨機變，虎尾雖危履順亨。落魄人皆傳旣死，羈懷我亦厭餘生。北風只解吹愁鬢，肯為江山怨不平！

衣冠改日成南北，花草無情自古今。蝴蝶夢中天未曉，芙蓉池上月應沉。此生寧葬豺狼腹，雖死難為狗彘心。獨愧匡時無一策，殷憂祇自托孤吟。

歲暮感懷

往事榮枯逐暗塵，浮生蹤跡寄行雲。粵西客臘祈恩使，江北今冬躲死臣。斷續殘燈捫虱僕，淒涼孤枕聽螢（蛩）人。一年三百六十日，又著征衫（衫）過早春。

題香墨譚愼徽節義祠

愼徽洪德庚戌科進士，歷仕六帝，官至吏部尚書少保。光紹年間，莫登庸篡位，黎帝西幸，愼徽受密詔，糾率北江鄉兵討賊。不克，奔入安世縣地分，飲藥而死。

皤皤白髮六朝人，國變君危敢有身。慷慨北城緘密詔，淒涼南岸泣征塵。一天不共漁蓑子，重壤無慚豸服臣。今古興亡歸逝水，獨留紅日照蒼筠。

春日感作

花宿新鶯柳拭煙，柴扉鎮日枕書眠。同心故舊各千里，改目山河又一年。却幸晨光猶借日，豈應海國獨無天。此生未了桑蓬志，敢占廬山結白雲。

復吳任寄書，因賦詩以見志二首。

枉作青綸笑罵人，癡真何暇顧冠紳。彈輪隨化非由偏，蜂蟻雖微尚有君。葵草欲枯猶向日，蓬根已斷豈知春。新朝縱好非吾分，刴是贏輸局未真。

此生何處更逢君，神采依稀入夢頻。羈靮但知今世分，江山管屬阿誰人。北窗處士猶書昏，東海先生不帝秦。身後墓傍人指點，黎朝進士姓惟陳。

舟行感作

流水遊人兩不情，憑虛正好濯塵纓。樹橫浪面依微碧，渣入雲根蕩漾青。沙鳥欲栖鷺棹躍，汀花無語弄潮生。誰將一掬春江水，為洗山河萬里腥。

囚中自述

新國中書院，前朝御史囚。忠仇分順逆，生死決須臾。於義得所安，此心復何求。餘生敢自愛，故主在中州。

過故宮有感 時爲西山所執，監在昇龍，遇黎朝故宮，見故老宮人敍亂離之苦，因此感作。

閒花無主逐風飛，白首宮人獨自悲。耳目已移新服語，衣冠不覩舊威儀。木棉枝上（黎朝故宮傍有木棉樹）寒鴉老，金字門前戰馬肥。最是不關興廢事，上林春色正依依。

因永治尚書阮廷簡倩人來問，作詩寄示。

吾身何足繫興衰，行止惟憑義所之。落寞孤忠心匪石，殷憂一點鬢成絲。康王不死天難測，臣靡猶存國未知。共陟烟臺公更老，北風回首淚霑衣。

和獲澤人汝述齋二首

工夫那得貴芳時，回首西京泣黍離。已把贏輸消蝶夢，暫收蹤跡寄鷦枝。此間宇宙無非分，何處烟雲有所思。可幸與君俱未老，江山千里共襟期。

算得清光未幾時，妖氛漠漠翳重離。客身客境飄孤葉，春雨春風著別枝。冷落三更遊子淚，淒涼一曲美人思。眼前宇宙猶如此，應是吾生未了期。

寄心友

萍水洶洶君又別，江山浩浩我何歸。三年聒（刮）目人猶昨，半世回頭事已非。君子有憂非一日，丈夫無淚泣分歧。山圍遊子如相問，為道逋人鬢似絲。

和納言汝公爲二首

秋風釣艇夕陽橋，鴻自冥冥燕自飄。漸見偷民閑異俗，幾稱遺老說先朝。月明巴峽人何在，雲密岐陽天亦遙。弧矢初心消薄盡，一聲霜杵鬢花彫。

冬去春來去未還，淡醪苦茗强分歡。罵時落得牙空折，憂國寧知鬢自斑。滿眼已成人宇宙，羈自況屬客江山。愁深自是無閑淚，羞對東皇一解顏。

示同年姚段阮循理

北寧省督學，教育多人才。

慙無才效報君恩，天理維持七尺存。陰實難消乾復垢，陽非易長泰生坤。出門見烏枝頭逐，臨水觀魚浪面奔。魚鳥不知浮世態，貪機戀餌自昏昏。

涓埃未答海山恩，顧此區區七尺存。天道不能無剝復，吾身原自有乾坤。愁中白鬢爭花發，客裏青雲逐電奔。旅況可堪長寂寞，一輪明月破黃昏。

夜雷無雨

今夜雷從何處起，殷殷一響碾青穹。神光繞月窺疏牖，礮響驅雲入遠峯。百里祗能驚蜇燕（驚雷燕自飛。），九霄不為起潛龍。閒人掩耳眠方穩，笑殺荊州落著雄。

元旦偶題

過了殘冬又始春，旅衫消盡客中塵。可能隻手羈南月，常把孤忠掛北辰。義定不知來日少，時窮應有一陽伸。憑君莫問吾年記，說到年光笑殺人。

小影自題

煙閣雲臺事已非，頹然只合坐松磯。本來面目人難悟，如許頭顱我亦疑。九尺交身惟食粟，三分潘（皤）鬢半成絲。莫言方寸描難就，一塊頑頑不合時。

和裴翰溪

君臣大義重如山，行止須隨所遇安。宇宙莫非儒者事，江湖未許此身閑。九霄紅日清光近，萬里青雲羽翮寬。國恥幸酬臣責塞，不妨相訪水雲間。

見昭統錢感作

我無白玉盤，又無黃金錠。縱有非吾寶，所樂非吾性。我愛昭統錢，體大輪如鏡。面記舊君年，背字鐫小正。君子不忘君，守正心常定。心欲比爾堅，節欲比爾瑩。留情遍揀覓，萬選得其三。時移物亦改，悲涕濕殘衫。拭磨代龜蔡，珍重當琼琛。生常在吾手，死常入吾唅。大義無興廢，吾心良不慚。

黎侗

：北寧省順安府超類縣大卯社人，黎朝進士黎允僴之子。丁未西山兵至，侗護送黎朝太后元子如清求援。及復國，以功封平章事長河侯。乙酉西兵再至，黎帝入清乞師，留侗招諭豪傑，以圖恢復，不遂。七月，侗與堂弟黎允值、國人鄭獻、李秉道十餘人續往求見黎帝，清人强以薙髮改裝，侗怒曰：「吾輩頭可斷，髮不可斷。」不肯受。乃解送燕京刑部，提審官多開誘，亦不肯屈，付令拘禁。在獄十三年，威脅利誘，百端終不能奪，北人稱為義士。庚申放出獄，移于藍廠外火器營安插，迨皇朝嘉隆三年，清人咨交回國，侗與從亡諸臣，奉黎帝玉棺回葬清化，後居住，尋卒。

復出駐隘店候命（經旬未起）感作

客年過此不留行，今已經旬未起程。三宿遲遲非出晝，獨行踽踽為存荆。權衡大義千金重，萍梗微軀一葉輕。大廈幾時撑得住，角巾私第慰平生。

從隘店到明寧州 時侗風聞師期已定，又聞阮恩已降，肯未準的，因作。

不煩兵力誕敷文，張弛神機妙處分。肯屑戎車勞萬里，且將千羽舞經旬。么麼小醜為何物，蠻貊遐陬亦我民。時雨王師如再舉，願彈駑鈍效從軍。

中秋在寧明州（明寧）感作 侗聞黎帝在桂林城。

去年今日在東洋，慘雨愁雲滿水鄉。遮斷歸程雲萬軸，望回去路水千洸。今年此日明江庯，月朗風清千萬戶。嚕雜新衙勸賞秋，紛忙國事難成趣。風前月下枉悲傷，酷似新亭對泣兒。拭我終宵雙盡淚，思君一日十多時。想來在昔天香閣，君宰肅雍和且樂。君念民艱最可憐，臣言兵事難遙度。而今君在桂林城，蹤跡浮沉風打萍。駕卒蒙塵非獲已，夢回復物亦難醒。伊誰苟作眼前計，不為綱常還為已。鐘鼎冠裳莫念酬，鬼神天地那知畏。君臣大義重千金，何乃滔滔狗彘心。頭裹紅巾冠已毀，頭懸白刃劍將臨。君不見，嚴頭嵇血常山舌，荆荆張旌蘇武節。在昔轟轟做好場，至今嘖嘖稱英烈。又不見，出師之表日星懸，擊揖中流壯志堅。莫測在天成素局，當為自我著先鞭。昭昭往昔芳千古，仔細思量胡不悟。却為身家徇利名，不圖社稷思君父。我君今日且如何，使我秋風興轉睬。漠漠罩頭塵翳起，朦朦轉瞬日星斜。折膠弓矢茲堪用，甚日桓桓熊虎衆。笞彼貔貅掃彼氛，復我江山存我統。儂雖駑鈍且從軍，鬱鬱行將夙志伸。再造乾坤欣復午，三宣庭院慶長春。

柳州暫住因作 時倆到柳州，訂期往梧州見總督福康安（福安康），因此喜作。

關山萬里自馳驅，莫怪時移事亦殊。騏驥難為長繫柳，鳳凰會見早棲梧。寸誠果得蒙均照，千慮終能展一愚。直到時來機每半，也知天有俟於吾。

奉和御詩原韻 倆時解到燕京，黎帝遣國棟賚賜紋銀十兩，茶一斤并詩三首，倆奉和原韻寄遞進呈。

經霜鱗羽且查查（音砦，么交切，從咬平聲。），一日千愁萬苦招。犬練剛腸鎔曲曲，梭抛愁緒逐朝朝。神馳桂海茫然夢，身在槐廳閒若寥。義梏忠牢如可脫，肯為漁也肯為樵（右情況之極）。

蟻明一點本良知，弓子偏慙不舍箕。韓國鼎鍾何日報，洛都荊棘幾時披。山河社稷雙眸淚，霜雪風塵一首詩。誓志南旋攄宿憤，鯨鯢高築彼凶屍（右想念之志）。

困危憂戚玉千成，奮發何慙不得名。石室坐薪能自勵，田間拜土有誰輕（左傳晉文公出奔，過衛，衛文公不禮焉。乃出乞食于野人，野人與之土一塊，晉文公欲鞭之，子犯曰：「天賜也。」拜而受之，載于車下。）。

龍需雲雨鬐鱗鼓，鳥出樊籠翮翅生。早策歸鞭重整頓，毋淹旅邸嘆仃零（右期望之深）。

四月又奉御詩慰問恭和 劉備見寺前有一石塊，遂拔劍仰天祝曰：「能回荊州，成伯王之業，一劍揮為兩段。」果然。

霧鎖塵遮又暑侵，居諸傳驛送愁吟。風雲不測仍嘗膽，雷雨當亨且誓心。謀脫虎關雞唱早（孟嘗君）虔裝劍課石痕深（三國志：「江左求婚，孫劉卜劍。」）。一成可發重興迹，直到時來溷我襟（右道上意）。

風塵颷起滿空侵，觸景撩愁枉浪吟。恨破詩囚銜黑地（文天祥吟詩於燕囚）怨穿節窖涌丹心（蘇武）。驥程早趁情彌篤，龜玉重昌望轉深。向日顧身慚對影，屢蒙過獎敢披襟（右寫下情）。

丁巳除夕感作　年時四十九。

讀書偏恨昧春秋，欲為綱常錯用謀。但把寸心持漢節，却差一髮築燕囚。身羅（罹）業果三三滿（佪在獄酉至巳經九年），指屈年花七七周（年四十九）。冬去春來欣復旦，陽回龍澈錮陰不？

詠榆樹二首　三年戊午三月，刑部北所獄振山楊忠愍公廟落成。

昔明楊繼盛以劾嚴嵩繫獄于此，手植榆樹。三百餘年，既枯而復發芽，今大如傘。獄官銘石以誌其跡，又募貨立楊公祠于榆樹之旁。聞之先生遺囑有曰：「心爲一身之主，如樹之根，不可先壞了心裡。若存的是人欲私意，雖欲好事也，有始無終，譬如根衰則樹枯。」等語。今又見先生所植榆樹，經二百餘年寒暑矣，樹既枯而枝直茁，幢幢然如蒼蓋綠雲，明明其樹之不衰矣。觀斯樹而繹斯言，可以想見其人之心，閱千古而不壞者也。後人之或描其復榮之形，而伸其說以壽之于石，竟與鄒栢齊檜，而並垂名于不朽。或厥其故基，而創立祠宇，以傳香火于無窮。審此，則榆樹之感，比之雷陽之竹，異而同歟。因而銘曰：「維岳降神，蹈義由仁，居心正、立志眞、踐虎尾、批龍鱗、直凌烏府、思報紫宸。剛腸鐵石，勁節松筠，未死寒肝骨，猶生氣潤身；精誠堪貫日，姓字不汚塵；庇蔭發生枯木，風聲竦動後人。永勒硬碯宛蓋，重更棟宇仍新。噫！一腔天理昭今古，根本存長不計春。」

三百餘年正氣培，鬱然再發已枯荄。霜凝老幹銀苔見，春蔭嬌枝翠傘開。圓莢鎔成高價寶，直根留得久香材。除非本抵鍾英秀，定是靈楊灑露來。

靈樹誰移到福堂，枯榮迭耐幾風霜。幹粧白雪心凝素，枝暢青春氣將蒼。壯節凌松千古茂，直根欺檜九泉長。莢錢買得留芳寶，昂價騰名久愈香。

初登五十歲作

瞬息青年已白頭，吁嗟日月急如流。嬉遊未脫垂髻習，癡蔽曾為帶髮囚。倏過十年登半百，況將一日度千秋。已庚倍却喬彭壽，光景還於福地幽。忠孝無同皆桎梏，韲殤雖異總蜉蝣。何須戀戀爹娘國，亦莫耽耽社稷仇。刻水每期緘口對，鍊金盡挐安心收。頤情養性能無礙，返本還原得自由。黿水鴻林常穩穩，鼠肝蟲臂付悠悠。一朝厚薄隨鷹蟻，萬古稱呼任馬牛。謾道有來還有去，敢云無愧亦無羞。夢中說夢知如夢，世事非徒一筆勾。

獄中偶成 順逆格，得心南二韻

心自坦然安若命，素行能事幾多慚。陰房寂處慳吟咏，暗室愁餘懶笑談。忱慎雀從難駐北，思牽鳥念在還南。深情觸遣縈魂夢，困處窮時那得堪。

在獄閒坐感作二首 呈提審官轉呈左侍郎熊老爺

浮沉萍梗遇時窮，且戴南冠傲北風。身困十年懷素節，命隨一髮表丹衷。倘能合義無慙愧，只為求仁肯怨恫。五十年來成一夢，幾多辛苦總還空（時彼不準往還，即在安揷，仍感激成詩。）。

知幾為達士，絢髮豈人情。大誼千金重，微軀一□□（羽輕）。丹心如畫死，白首枉虛生。合我春秋義，饒他月旦評。

出獄感作 嘉慶五年放出獄，移于京城之西西頂藍靛廠外火器營安揷，頭髮服色，聽其自便，主墳聽其展拜，兒女家人聽其往來，公卽感成詩一首。

南冠有繫十餘年，優渥鴻霑降自天。擢髮難酬新雨露，回頭恐負舊山川。忠魂他日除思補，苦節如今夙志全。紅日方升高燭照，肯敎冀北有啼鵑。

展拜故主墓囘感作 故主黎帝園寢在京城之東，墳在北新莊之北，公出獄後四日往拜。每上墳，火器營派兵馬跟行。

黑暗重犴似九幽，移郊仍是築燕囚。身西頂丈愁雲罩，目北津冰淚雨流。此日綱常黃絹底（絕字），何年骸骨大刀頭（還字）。烏牙黑髮堂堂去，惟有丹心為我留。

六月霖雨糧絕，又見諭不許進城，偶作

纔抵藍橋早作霖，沮洳塲裡度光陰。近郊匪洞幽還遂，旅舍如僧寂又岑。僊不擎漿難潤喙，佛非懷餅易空心。玉京何必崎嶇上，但望南車指有針。

十月恭値故主忌日，往拜園寢感作 黎帝園寢在燕京之東。

一髮千鈞力不隨，敢稱男子亦鬚眉。綱常風捲鴻毛去，羈旅霜催白髮垂。雲擁龍髯無覓處，雪封馬鬣有開期。首邱若謂絲毫補，擢髮餘辜可委誰。

和丁公迓衡（邯江人）**原韻**首**幷引**

十年處困，冀覩青天，一旦蒙霑，想完素願。乃化機莫測，皂染難新，纔違黑白之中，復遣藍靛之外。寸丹未白，生死輕毛；隻影無聊，綱常掃地。孤負我仁兄之期望，羞恥已無顏矣。顧奉恩賜佳章一首，文寶數串，尤以見相憐相愛之情，仍奉步原韻成得四首，以供笑柄。

遡自雲雷霜雪後，芝蘭零落幸俱存。身輕萍葉隨風打，頭滿蘆花逐歲奔。山北錮陰松自茂，籬東荒徑菊仍蕃。斷金移玉如相看，兒女之情不可言。

郊外愁今居寂寞，園中憶昔語溫存。數聲似鳥嚶嚶喚，十戴（載）如駒駃駃奔。保赤更蒙陵為武，垂青尤感稗於蕃。自慚身上彝倫斁，孤負知交豈待言（悲慟激切。）。

髮膚有利君何愛，衾影多慙我苟存。經以視權雖異遇，近而笑遠亦同奔。剛金練就心無貳。異木（指黎家）撐回類自蕃。易地皆然奚間髮，當年長短不須言。

萬變不逾非愛死，多難無咎豈徒存。爭天未盡營中瘁。追日猶通鄴下奔。一出福堂蒙已脫，再移仙窟困尤蕃。憂危以此縣天玉，今後如何未易言。

和清人趙晦亭 出獄日，有詩一首，至是趙晦亭倒其韻，和而贈之，仍復和原韻以答。

雞棲鳳食幾多年，豈是依人要自全。心鍊剛金應貫日，手撐異木欲回天。出籠時可翔南海，遊釜機同縱巨川。且待鳴朝傾睿聽，越枝有鳥洛無鵑（文天祥正氣歌：「雞棲鳳凰食，牛驥同一皁。」)。

和答膠西人琴可氏見贈原韻六首

故國綱常四百年，敢抛重荷仰于天。風雲變在斯須除，日月流如過續川。劇痛北轅雙未返，豈貪周粟獨求全。請看越鳥歸巢後，不似江南帶血鵑。

厭聞烏里鼓鼙聲，氣滿西山欲踏平。一敗乾時需上國，重來江北復全城。無端出塞熊羆旅，空怯蔓山草木兵。藩屬綱常從此紊，伊誰為作不平鳴（烏里，故烏州，今之廣治富春地也。）。

留侯佐漢術非疏，機變難防意外虞。雖係興亡由彼造，肯因成敗改初圖。昭猿是獸猶無愧，跖犬於人可不如。且問自家終與始，丹心照得汗青無（文天祥詩：「人生自古誰無死，留取丹心照汗青。」）。

樂天安敢命咨嗟，長短徒招物議譁。責實鏡人加袞斧，求名於我等泥沙。衣冠改否惟恩典，毫髮虧無顧自家。行事之情非獲已，肯隨行伍作生涯。

處變何妨自守常，可憐去國十餘霜。望回桑梓雙眸赤，傲盡風塵兩鬢黃。急難伊人青有眼，凝愁自己斷無腸。生還天若從人願，視宋羞稱李侍郎（宋欽尊如金，金人迫令易服，侍郎李若水罵賊而死，金人相曰：「南朝惟李侍郎一人。」）。

天假閑時心未甘，公私俯仰尚多慚。龍輴（丑屯切）雪擁燕之北，鴻羽雲遮嶺以南。但盼春陽兼淑氣，為開瘴霧現晴嵐。到茲養送均無憾，鏡彼旁觀縱劇談（又句云：「立人有道仁而義，侯雁依時往必歸。」）。

十二月雪後月出偶作

透牖寒光冷逼人，雪和月朗景仍新。初升桂暈墉懸碧，滿布梅花院沃銀。屋脊光浮金瀲灩，樹沙影射彩紛繽。鑼梆響歇人囂靜，覺照塵心樂趣真。

贈義安人潘氏

義安天祿縣人潘氏，以洋匪家眷，收監在獄。見他言我本國同犯主我世祖高皇帝與西山兵戰于洋面，未分勝負，西山復造船鑄銃，括民爲兵，以圖再戰。國中頻年凶荒，盜賊四起，民不聊生，聞之感作。

棘垣闃寂戀榆枌，說起形骸駭聽聞。乾淨山河無一寸，鼎成南北已三分。燕巢林上空迷徑，龍鬬洋中浪接雲。梭織光陰纔七載，桑田滄浪遽云云（右感故國紛擾）。毋論孤臣固字經，裾釵何至欲竹伶。一條裊娜迎風柳，萬里沉浮逐浪萍。皺損春山懷傘嶺，望穿秋水顧瀘汀。朔風吹醒昭君夢，懶調琵瑟倦倚屏（右嘆紅顏浮泊）。

他又言海雲以南屬景盛，南廣之西屬泰德，同犯屬舊國阮主，仍題景興年號，西山與阮主決戰，同犯卽今嘉定以南。

過公母山作

雙峯峻峙宛分第，別廠乾坤最邃嶆。翁鬱椿萱容竝茂，嶙峋岵屺仰彌高。迎風花舞斑斕色，瀑布泉篩旨美醪。使遠遊人瞻望處，解將竹石感劬勞。

喜子見訪偶成

聞道路傳言，安南（今改越南）貢使月底回到，與李秉道告假上路問信，聞有兒子黎允倬充行人來尋，現在涿州，因見子偶成。

十五春秋雁信稀，無端到涿遇豚兒。纔聞疑是人欺我，及見驚呼汝是誰。旅邸通宵言若夢，家情逐款聽如癡。侵晨分手匆匆去，父子情深不自持。

和武兼山元韻 兼山名武紳。

棘圍邂逅藝林英，詩茗攀談徹夜聲。絕口不提懷土念，捫心惟感斷金情。少需幾日瓶生乳，多憶當年鼠上檠。一貫幸由夫子道，半文不值愧餘生（張子餞謝枋詩：「此去好憑三寸舌，再來不值一文錢。」）。

寄年誼慈烏陳中式

斗燦天門世誼隆，如今迹異却心同。浮萍蕩漾身隨國，落葉飄颻孝比忠。淚灑冰天零苦雨，髮披雪鬢擲酸風。丈夫不改凌寒操，可對吾翁與若翁。

偶　感

迢遙萬里傲風塵，經不知權誤此身。北所十年行素位，西郊一旦迓皇仁。鶉懸世服裝仍舊，鴃弄南音語轉新。國莫能酬家莫顧，蓬頭似葆枉為人（葆音保，草木叢生貌，前漢燕王旦傳：「頭如蓬葆。」）。

禪院納涼（夏熱乘涼）**遇隨來舊家人於萬壽寺相見，仍作。**

一紀風霜萬里身，偶遊夢宇遇鄉親。擡頭覷面疑行客，側耳聞聲審舊人。犬尾頻搖誠戀主，馬頭或問托言賓。酒闌茶歇東西去，頃刻難明是幻真。

阮輝宿

：河內常信青池金縷〔人〕，黎朝進士阮公寀之子，儒生中式，再中司馬十科試法第一名，授高平鎮督同。西賊兵至，與黎倜護送黎太后及元子如清上表乞援，清命總督孫士毅率師來援，克復昇龍，以功授吏部左侍郎、同平章事，蘇派侯。及西兵再至，黎帝北轅，輝宿不及奉靮，挈家遯于不拔縣傘圓山下。迨皇朝嘉隆元年，世祖聖駕北巡，輝宿恭詣瞻拜，自陳願守所志。後尋卒。

丁未十二月，聞變，往迎慈駕

諒城音報正斜光，纔展緘封五內忙。狼子果然諳故道，虎臣誰是截橫崗。驚聞翠指（旌名）今西蜀（翠華旌名，唐明皇翠華西指。），願學鷹揚古朔方。連帶四州完險地，誰云自昔不與王。

戊申正月出太原道

孤臣何處叩君閽，戎服綏旌向太原。誠趂嵐烟狂焰失，氣衝冰雪鐵袍溫。潮州長技應無敵（輝宿募北客人爲兵，多潮州人。），中土同心必有存。河朔電驅臣子分，可能寸效報君恩。

四月往武崖（州名，屬太原。）**護隨慈駕**

勾勾齋志往孤岑，堈堞（地名）圍城（地名，即諒山。）忽報音。竊恐武崖狂焰逼，莫如高闔地形深。再思望允鑾移請，一向方甘誓揖心。矢志靡他如此髮，皇天后土願照臨。

五月護慈駕渡弗迷津 急保宮眷渡江。

擲空一喊滿山旗，按劍隨鑾出水湄。五竹編槎撐國脊，一繩紅水濟官隨。可無魚肉汚强虜，原有鱗鴻訂夙知。驟雨終宵寒剝骨，早看江次水遄飛。

喜清兵出關來援

閉戶纓冠詎必人，從來疑信此方真。貔貅百萬人增氣，馹驛三千地帖塵。轟烈票姚憑壯膽，么麼恩岳隘客身。義師指日韜戈後，我國山河萬禩春。

聞清師潰，悵然有感

電掃狂蠻一月餘，且看政事竟何如。施施我已垂軍誌，汲汲人猶畏簡書。義旅未應空喪馬，將軍胡乃不閑輿（易大畜日閑輿衛）。靠人恥我徒無算，縱彼豺狼孰為除。

雷轟電掃捷音來，喜一回餘惱一回。廊廟誰云無遠算，豈天未欲治平開。

追雲桂援兵不遇

時援由雲南來，及至山西，聞士毅兵大潰，即引還。輝宿追之不遇，因此感作。

城隅乍聽砲連鳴，倉卒西馳請援兵。緘牘安排謀戰局，緩車只管快歸程。不同西道支吾力，以致南關潰敗形。倦我向逢雲桂將，不孤數轂遠徂征。

馬童贊幷引

前侍衛親軍阮文涓，東山布衛人也。昭統二年，黎帝幸北京，逆徒謀陷，文涓挺槊喝退，手揮侍衛兵至，逆謀遂阻。二年，黎帝出轅，文涓手靮以從。至燕京，黎帝騎馬過花園，清衛士以犯蹕擁駐其馬，涓抛却馬輿，以石打殺之。事聞，清帝義其爲主，赦之，因呼爲馬童。後病死于燕京。

忠哉為童，壯哉為童。犬心戀主，豹尾隨戎。寸丹猿象，一隙蟻蜂。赴命如鶻，迪毅如熊。鷙擊不避，虎履不凶。螳螂怒臂，豺虎當鋒。馬革酬素，駿譽銘鴻。彼何人螟蝨賊國，禽犢章縫。營蠅諂媚，指鹿奸雄。蓋使之充馬廝役，搏馬蝨蟲。敢渠命公，曰忠壯公。

庚戌元春北望感作

去春寶殿罷花筵，不覺逡巡又一年。多少風光需北塞，有無和煦似南天。六龍鹵薄巖烟向，五鳳鈞韶夢寐纏。願學仙家翰羽化，乘風飛到紫雲邊。

琵琶夫人殉節行

夫人良才縣琵琶社人，黎昭統帝之妃也。黎帝北轅，潛遯于山西綱羅社。及帝玉棺自清回，夫人往迎泣拜，即飲藥而死。

順安良才來月德，古人命邑號琵琶。琵琶古曲知何意，大堤軋彼貌如花。芙花悉萃簪纓閥，景興乙酉佳時節。望門誕育女中豪，言行容止無玷缺。越從十七八青宮，纔登丙午夢呈熊。日高影重天恩厚，海濶山輝福澤濃。丁未猖獗西山賊，捲地風塵驚不測。羽葆隨鑾出鳳城，御林星散長江北。落慌（荒）匠馬文峯還，別跟慈懥武崖山。湘裙羅襪悲踰險，柳質蒲姿苦耐寒。遠徼武龍音寂寞，閒庭泣砌淚欄干。忽然何處淵淵鼓，高平闢將拜迎鑾。駕回牧馬暫休歇，御舟隨進迷弗園。賊兵聞信來追躡，箭落火飛鋒刃接。數株天竹過危灘，蕩覆顛傾還利涉。緣崖攀木上高巔，雨沱瘴重色迷天。土人踴躍前途送，山背崎嶇小徑穿。路盡有山山有洞，洞中有井水清漣。想來此洞何年鑿，但知今日有神仙。泉水山芝將度日，鳥啼花落撩愁鬱。信通內地判司來，詳問根由聲詰屈。都司火速撥輿擡，送到龍川權駐驛。供需品物既豐盈，守護兵丁尤慎密。撫臺旋派進南寧，內外莊嚴廠旅亭。南北辛酸經幾遍，不曾造次錯儀型。雖承慈訓嚴規範，自是椒宮禮度明。自從上國允來援，萬里凱歌聞捷信。翠華仙杖指南還，上苑春融故宮殿。友琴樂數奏新聲，擁翠看花酬夙願。無端虐焰再焚穹，憂喜喜憂翻手變。萬貔急擁六龍飛，少海慈宮著緊隨。提携轉眼成相錯，鋒鏑交橫莫奮揮。覓條西上綱羅貫，幽獨一方腸欲斷。媚妹虞草豈無時，何苦捱延空惹怨。誰知漢鼎久微烟，旅成再造在遺編。上國同袍修戰日，君王常苦臥薪年。假使雄才優復社，能無遺恨一嬋娟。迨夫癸丑髯龍絕，底事信疑聞傳說。豈其民望故君深，此謀恐墜西山譎。秦亡有漢命更新，封使來時語亦云。若把連城先破了，必未香魂伴紫雲。一十六年曾鄭重，肯輕孫妹漢江身（孫權之妹爲劉先主夫人，及回吳問寧，聞蜀與吳戰于猇亭敗，人訛傳先主死于軍中，遂驅兵至江邊，望西遙哭，投江而死。）。節委一二胞兄弟，直從北闕叩原因。內授誓到三陵所（黎帝及太后元子所居），使將性命委羅巾。從古營生勞其苦，誰知謀死更艱辛。詎意天機相湊巧，宰臣扈蹕先題奏。大清皇帝允南還，序逢甲子中秋侯。消聞惶遽便親迎，嘗殮頓減花容瘦。迢迢舟楫渡瀘江，橋傘笙鏞入祀堂。士庶凝愁瞻鹵薄，臣僚拭淚獻瓊觴。閨中況味描難盡，薄將禮服淬香湯。啓棺一覩冠袍樣，歛淚凝眸拜玉床。帳裡回自拜女主，甘將鶴毒沃肝腸。說到黃髫皆駭異，唁稱省署亦凄倫（傷）。紅錦青蚨榮賵賻，豔辭綺句迭稱揚。妙哉一紀求而得，死得聲名萬古香。醫彼春閨如玉好，暮雨朝雲無足道。黃金橫帶是何人，諂媚平時恣奸巧。一朝無變鍾簴移，拜虜進謏如故奮。醉中一喝覺寒心，冷處加鞭應醜貌。幾多粉黛弼皐刑，怪得璜琚禪契敎。好讀葩詩樛逮葛，旁稽湘嶺竹生斑。既有古人行此事，誰無今日得其難。

黎允值：北寧順安超類大卯社人，黎朝進士黎仲伸之子，黎烱之堂弟，仕至都督指揮使超嶺侯。已酉西山兵至，黎帝北轅，值與兄倜如清求援，清人迫以雉髮授官。不屈，被監十三年。迨皇朝嘉隆三年，清送回國，值得存髮以歸，護送黎帝玉棺回葬清化。後以病卒于家。

奉和御詩元韻三首

救敗扶衰古事杳，無涯世故恨空招。翻雲此怨彌天地，向日微忱匪夕朝。萬里關河心似搗，半窗囹圄趣還寥。如今跟得回南駕，故道何須向問樵。

咫尺宸居不得知，雙揮珠淚掬盈箕。兩通雁信憂還喜，一捧龍箋掩又披。寤寐通宵頻入夢，推敲竟日不成詩。此身有幸酬知遇，誓碎仇家萬段屍。

信有危機必有成，中興多少古人名。蛟龍未雨鬚難縮，鴻鵠乘風翼更輕。后羿王梁(莽)如不死，少康光武豈虛生。天工陶鑄非吾意，今古何曾爽一零。

鄭憲

鄭憲：清化紹化永祿下上社槊山鄉人。昭統三年，黎帝北轅，憲與黎炯等如清乞援，以圖恢復，清人迫以薙髮，不肯屈，拘禁十三年。迨皇朝嘉隆三年，清人許送回國，憲得全髮以歸，護黎帝玉棺回葬清化。後以黎朝義臣錄用，授北城兵曹參知，尋卒。

恭和御詩三首

北塞凝眸隻雁杳，此來豈直為誰招。每思天理昭千古，誰料人情幻一朝。故國深情雙淚落，新堂幽趣五更寥。樊籠早晚償初志，江友漁翁山友樵。

漢室當興已可知，何須狂遯作商箕。不驚朔土塵埃染，惟望南天雲霧披。報國有心曾運甓（蒲丕反，晉陶侃朝夕運百甓。），對時無興懶吟詩。老天早早從人願，一舞龍泉（劍名）斷虜屍。

大志期於事果成，豈徒虛慕古人名。萬鍾可愛為人制，一旅雖微敢我輕。但願仇金無一失，何憂草木不重生。試看建武中興幹，端在劉根十葉零。

過公母山感作

蹈危履險不辭難，一著工夫過此山。岑寂深林從鳥道，嵯峨絕頂只猿攀。嵐烟林雨交蒙昧，障燎癡儂冗阻攔。剩喜有人前向道，直從維路出重關。

高樓隘宵行

高樓險道最難行，喜得知音共趁程。四顧無聲人寂寞，重山有路我縱橫。綱常一念心仍重，風月雙清步覺輕。日出三竿那得住，前來已是到寧明。

因憶會友行

裴子逢仙成道處，尊郎悟佛在心年。嚶嚶忽聽何方喚，期會無違風雨天。

答隘站目潘伴送

君居北地我南州，有幸心心照月秋。君志肯甘人駕馭，我身原為國馳驅。思君顧我情難旣，愛我蒙君每念周。旅次風聲何以報，願賡瓜瓞祝君侯（由他晚嗣）。

寧明城水月宮

臺高承露閣迎風，爭似明江水月宮。雕檻曉開蓮吐馥，畫窗宵玩桂飄紅。黃花遠納憑瀟灑，玄牝先開滿望顒。有幸此秋身此地，清吾塵慮白吾衷。

明江津次進行感作

一秋兩度過明寧，水陸逶遲萬里程。扶國心勞身不倦，撐天骨憊步常輕。層岩曲水知吾節，黃耇緇童慣我名。早早願諧輿載返，回頭此景肯忘情。

自寧明州到南寧感作

歷明寧境到南寧，觸目江山兩有情。山疊疊層延水插，水灣灣曲繞山行。未消夙恨山如瘦，將雪深讐水未清。幸假一拳滋一勺，封伊函谷洗伊腥。

過上林地頭 地名。

披星沐雨幾光陰，纔過思陵（州名，屬廣西省。）又上林。最惡山川空著意，那堪風雨肯關心。不同天壤情彌竊，幾斷綱疇念每深。莫怪我儕勞且苦，包胥此日亦如今。

自慶遠到桂林暫舍

柳州未到每兢惶，纔到伊吾喜倍常。松節經霜持我志，桂林指日見吾王。撐天大廈條彌茂，垂顧殊恩絮愈長。風過柳邊知得意，月來梧上又重光。

自桂林又往廣東

歷廣西城又廣東，舟車迢遞路重重。奇山秀水描難盡，明月清風興不窮。世事局棋難轉易，人情盃酒淡還濃。到頭始覺天機巧，往復平陂在眼中。

到刑部北所獄感作

雪霜萬里自馳驅，百鍊之銅也不逾。從古豈能天命强，此身庶免後人羞。綱常在念應如許，富貴知恩做得不，自有生來誰不死，死而得所我何尤。

李秉道

：一名嘉猷，河內里仁金榜瑞雷社人，黎朝鄉貢。己酉，黎帝北轅，秉道與黎侗等，俱入清求援，以圖恢復。清人迫以薙髮改裝，終不肯屈，拘禁十三年。迨本朝嘉隆三年，清送還國，秉道得存髮以歸，欽遞黎帝玉棺回葬清化。後以黎臣錄用，授侍中學士，出協鎮，尋卒。

奉和御詩元韻三首

義舉春秋迹已杳，招人誰料被人招。莫言如此從今古，且說當年在夕朝。土地人民寧可棄，歲時香火豈容寥。愚言早願圖歸計，毋使藍山有採樵。

人非萇楚豈無知，翼軫何墟錯望箕。客地塵埃難我浼，故郊荊棘待誰披。有心勾踐當嘗膽，何事文山枉築詩。但願君心無少縮，行看西道作僵屍。

投危天意玉于成，會際屯如得令名。建武重興蛇作衍，晉文再返馬啼輕。國家多為艱難定，聖智都從念慮生。驗在夏圖終不墜，只緣碩果未嘗零。

阮倘：

北寧順安嘉林嘉瑞社人，黎朝儒生中式，七中會試三場，年六十，補安勇知縣。西賊兵至，黎帝幸京北，為鎮守阮景燦所拒。倘聞之，糾率轄民迎駕，又請誅景燦保昌江以圖恢復。黎帝嘉其忠，即拜倘為科吏掌印給事中。扈駕至自山西，賊兵躡至，倘奉命督戰。兵敗，瘡中抱病歸家，月餘死。

臨死感作

殲仇未泄三生恨，冒矢先齎一死歸。已矣孤忠無地白，殘魂願傍五雲飛。

丁迓衡：

海陽平江錦江邯江社人，太保丁文復之子，武試中三場，官至鎮守。已酉西山兵至，黎帝出幸，迓衡由萬寧州求達于清。庚戌年，隨黎帝至燕京，清以驍騎校職縻之。在清國凡十四年，後以病死于燕京。

聞西賊兵亡感作

掀天才乏三人晉，捲土仇空二世秦。

臨死感作

無門忝出將門來，一劍馳驅到北臺。仇國已亡魂早去，歸家有夢鬼先催。名隨芳臭留殘吏，骨入香冥化刼灰。一語莫窮千古恨，總之不及晉人才。

范阮攸

義安芙山真祿鄧田社人，景興己亥科進士，官至義安督同。西山兵至，為繳徵旁郡兵拒賊，卒無一人應者。阮攸不得已避隱，憤死。

過雲山感作

國破家亡百願違，招兵買馬更難施。休將萬事古今較，剩有孤忠天地知。松柏那驚霜雪候，蛟龍還待雨雲期。信同水折同金鍊，心自惺惺有主持（又常自吟云　）。故主今何在，忙忙掛不平。天工如有眼，西賊豈全生。此鄉非吾地，此郭非吾城。羈旅無定心，翻翻如懸旌。晉臣能慎守，夏鼎豈憂傾。念舊人人共，於余誰與行。

陳名偶：

義安石河縣玉田社人，黎朝進士陳名儆之子。丙午西賊兵至，偶率鄉兵起義，與西賊戰敗，被執不屈，卒為所害。

述懷二首

地覆天翻六載餘，故家公子又何如？衷腸暗積乾坤恨，面目明懗日月居。剩得有身貞苦節，不辭無米煑甘藷。分同蔚（音尉，蒿也。）蘼（音靡，草名。）長彫沮，莫向春風辛發舒。

滄桑底局太分支，苦節終逢此百罹。河漢不曾淪弱骨，雲山謾似鎖愁眉。寰區荼苦三生在，鼎鑊飴甘一死歸。義斷在前天在上，景純（晉郭樸名）一命訂何期。

臨行口占

出門知究竟，臨事有號咷。報國無長策，隨身有短刀。擡頭有鴻嶺，九十九峯高（君子樂奮節以顯義，烈士甘危軀以成仁。）。

【三】黎侗北行叢記

北行叢記自序

故黎忠臣長派侯著。

余姓黎名侗，江北順安超類大卯社人也。世家本儒，年二十一，補文館儒生，以父蔭為顯恭大夫。年二十五，丁父憂。時國中多故，遂家居養親。丙午年（黎朝鄉貢義安人），招廣南之西山寇（今屬平定），以平內難為名，直犯京城。主師鄭檮（又諱高，稱端南王。）死之，余卽以家丁三百入衞。會西山將阮惠（又名光中）尚公主就藩（古烏州地也），未幾，黎朝皇帝晏駕，嗣孫維祺繼治，改元昭統。余奉命撫諭江北，規措事宜，旣還，授覇爵，時年三十七矣。丁未年，阮惠僭號光中，委裨將武文任犯闕，余奉差隨平寇將軍丁迓衡將奇兵禦之。時諸道兵皆潰，惟奇兵一支，堅屯於山南之武州，攖持孤壘，閱月大小三十餘戰，西兵不敢進。武文任乃分兵從外路進逼黎城，帝逃于富良江之北，侗獨率本部兵及家人北上，追及于文峯之駐驛。仍翊駕轉戰，自北而南，舊臣世族，藩目土豪，稍稍復集。戊申年，帝在渭潢行在，文武殆千員，水步兵幾四萬人，大小戰船五百餘艘，軍氣稍振，侗奉封為長派侯。日者太后與元妃（琵琶人）元子竝在太原，帝憂之，乃命侗與阮國棟為坤儀宮左右護衞使，自渭潢北往太原之武崖。曁至，見軍單將寡，又為西山兵逼，仍請慈駕往高平，遂有北行之事矣。

北行叢記 是記凡幾首，均起清國年號

戊申乾隆五十三年正月，帝在江北。二月東幸，遂如山南之渭潢。時太后與元妃元子竝在太原，侗奉命北往護衞之。四月抵太原，見兵微勢迫，乃奉慈駕往高平之牧野鎮。五月西兵卒至，藩目黃益曉承督同阮輝宿委以商船奉國母順流抵水口關，暫住關旁之弗迷津村河中之小阜。九日，西兵大至，侗與益曉分頭堵禦之，督同阮輝宿、鳳彩侯阮國棟、長秋令范廷權等，奉太后渡河，從斗隩入內地。晚晌，侗與益曉保弗迷河中之小阜，西山兵圍于西南，內地守隘兵禦于東北，進退路窮，只得死戰。會暮大風雨，昏夜乘雷涉河，越入內地斗隩之涂山中，家丁剩有七人。黎明，見太后及元妃元子諸從臣於洞山

間糧絕，尋得玉蜀黍數包以進，其餘六十餘人，皆以生骨碎補根及山果充饑。家人阮怎病瘴舌胎，偶食骨碎補立愈。居數日，北國守隘人黃城鳳，轉報龍州通判陳老爺名松等，到查姓名原委，送入龍州，轉呈太平府陳大老爺，名有仁，再轉呈道鎮臬司撫督，承命移駐南寧府。六月，兩廣總督孫大人名士毅，詳究事情顛末，黎侗與輝宿具以實對，且祈許太后及宮眷留在內地，侗與國棟、輝宿回跟主，以圖恢復。督撫以事奏聞。欽奉大清皇帝，渙起宸斷，發兵救援，以伸大義於天下，扶綱常于屬國，奉賞侗等銀五百兩，併綢緞各項，許先回國探國王消息，竝探國情。七月，侗與國棟從廣東海路回國。九月，見帝于海陽之四岐。侗再奉命同與翰林侍讀香派霸黎亶（安豐香羅進士）翰林校理定岳霸陳名案（嘉平寶篆進士）從徑路往隘站入內地謝恩并報信。十月，謁見孫總督于太平府。時大兵已集，是月二十四日啓行。十一月朔，出鎮南關，取諒山城，偽總督潘啓德投降，孫大人命啓德率士兵前往開路，侗與亶在軍中，備訪問。大軍直抵之江北之保祿，三戰皆捷，擒都督陳名煥斬之。孫大人誥謂：「本部堂出塞，已八百餘里，何故未見國王動靜？」侗以路阻對，且願單騎尋主，許之。侗與黎惟亶商議，出塞以來，敵兵屢敗，彼必盛兵于市梂山，阻水以拒；然彼之用兵，但知向前，嘗不顧後，當用奇兵襲其後，必破矣。市梂營兵既敗，故都垂手可復。及大兵進到三層山，與敵阻水而陣，黎亶言于孫大人，孫大人從其計。二十日，渡市梂江，破賊營，進到富良江北，西賊棄昇龍南走。二十一日，帝謁孫大人于江之北岸。二十二日，克復京城。捷聞，天朝頒下勅印，封帝為安南國王，命黎侗總兵餉，刻期進勦。奏何孫總督主招來之計，促國王進取歸印改授平章事，領兵戸等事務。時侗瘧疾大作，不能理事，遂抱病回家貫服藥。二十七日，阮國棟、黎值奉迎慈駕至自南寧。

己酉昭統三年（乾隆五十四年）倜病稍閒，知昇龍失守，孫大人已於正月班師北還，帝亦北幸，舉目看破碎之山河，恨空抱天長地久，奮臂糾散亡之將卒，勢難支瓦解土崩。倜自念曰：「國事如此，當復奈何？」然人臣委質事君，必當竭力於所當為而已。於是糾集同志，以俟王師恢復。五月，見表兄黎珵奉兩廣總督福公老爺，（名唐(康)安）命回催黎倜詣關，前問話。時倜病已痊。七月，倜往南關竚命。八月，倜從隘站詣明寧州。九月，奉廣西左江道宋老爺（名文型）諭以雜髮改裝，暫為安置。倜等備陳：「此來只為俟福公命，本非避投，以為一身之計。茲仰承上司密納之恩，非倜本心，未敢從命。如今願回來為嚴將軍頭，為顏常君舌，在所甘心，從奉許以復讐，則剃頭如國人之喝，何也？如只為安插，則決不敢從矣。」及右江道臺再三逼勒，凡倜之僚友隨行十三四人，將居外處剃髮，惟倜與協鎮阮茂儞（金山人）知府阮眮（仸跡人）鄭憲（汴上人）指揮黎值、翰林供奉李秉道（一名嘉猷、河內瑞雷人）等，以死抗，乃送慶遠府居駐。九月二十四日，到明寧（阮眮病死于明寧州）。十月，往柳州（二十二日阮茂係（儞？）病死于柳州）。十一月，往梧州謁福公老爺，仍再以原脚（猶首尾也）備陳。又承委員詰以：「阮氏（西山賊）輸誠納款，福中堂辦理受降的事（是奉大清皇帝意也）儞等徒以『綱常』二字，今古昭然，希為狡詐，搖惑人心，欲變天朝定局耶？」。倜等具對：「竊以為禮莫大於分，分莫大於名。以西山之疆，其分當得，又奉真封，以定其分，正其名，倜豈復干名而犯分者乎！然國之興廢，自古有之，而所謂『綱常』，亘古今而不可易者。倜等臣事黎朝，不幸國破身奔，其竭股肱之力，盡忠貞之節，乃職分內事，則張良籌漢幄，包胥泣秦庭，古人亦曾盡心於所事矣。今侗等為綱常謀，蓋亦遵聖化而因人情，前者詔書所為屬國扶綱常，是非皇帝意耶？然則前之定局，一變而成受降之定局，以至人心之搖動，是非侗等難惑之乎？侗等此來，本無一毫狡詐，不待辨而自明，豈局之變否？不過權於實理而已，照臨之下，幸無微而不察。」又奉諭「倆等必無出關之理，姑留待此，俟我提奏，將倆等比照潘啓德用之，倆等願否？」侗等竊以為：「啓德乃西山之人，原無國仇之可報，一能向順立功，仰荷包容，可以在此効用也。如侗等係黎氏之孤臣，非潘啓〔德〕比，留居內地，非所願也。蓋留居于此，則國事付之不問，為不忠也；去家先而不顧，為不孝也；負同心徇國之人，為不義也；幸拯溺救焚之望，為不仁也；為國翻成責國，為不智也；挺身反至藏身，為不勇也；備此六者，安得嵩為人？中國雖至廣，亦無地以容此狗彘之流也。況侗等只因竚命，非係越塞踰關，希圖托納，若謂既來則不得出，而必以此為拘錮，則侗等死生之關，全憑造命。總之，破巢之下，安有全卵，黎氏之不復，侗等不敢圖存。寧死於黎氏故土，以見餘忠，侗等之願也；倘枉死於內地，則非其所，且負上司全活孤臣之仁。大人其諒之。」居數日，奉諭「今已將倆等志向轉奏，應就桂林府以俟命。」十二月，到桂林，月底解就廣東省城。

庚戌乾隆五十五年，正月，聞國王在桂林，奉命進燕京。侗等從廣東路解回，進京。三月到袞州，聞車駕東巡，即往安泰行宮，中堂查問訖。初四日，見奉上諭「倆等不以盛衰為去就，嘉其忠義之誠，朕不忍置之罪譴。」又承軍機大人面諭：「倆等進不能為包胥，退必為西山所害，殊可憐憫，且須進京待面鑾後辦理。」二十三日，到刑部。五月，提審官在雷神廟號，中堂列位大人諭以「薙髮改裝，賜以隸旗，汝主既賜以三品官，亦賜汝等五六品官，汝等願否？」倜等對以：「君親雖不同，忠孝無二致。時而猶為子則移孝為忠，慷慨扶崑崙之志，勢而已無可奈，則失忠存孝，慇懃陟岵屺之瞻。進不能以存忠，則願退而思孝。倜等四親皆老，親在堂，鄭憲、黎慎未有女子，李秉道與倜全無兄弟，今奉天朝諭以忠義治天下，如蒙恤及放之歸農，倘阮惠不容，則亦無可怨悔。若倜等只圖便已而留此，則忠孝全無，心同鳥獸，天朝又安用，乃從而官祿之乎？且建官惟賢，位事惟能，爵以酬功，祿以勸忠。倜等不能捍主于艱，不惟非賢非能，且無功焉，且不忠焉，爵祿非敢望也，亦非所願也。」又諭「汝主在此，汝不之從，得為忠乎？」仍以「觀諸黃口之雀，猶慎于從則從宋高為忠乎？從徽欽為忠乎？故不能托以故主為當從，而昧事君之義也。相彼丘隅之鳥，且知所止，則為臣子止於忠孝，故不敢藉以王畿為當止，而圖利己之私焉。此則忠與不忠，不敢多辨，惟憑天人鈞鑑。」霎時見故主黎帝來，諸大人諷黎帝諭以薙髮，倜等泣拜曰：「倜等生為黎臣，死為黎鬼，其他非所願也。」又奉諸大人諭以「汝主之命，汝亦不從，是豈人臣之道？」倜對曰：「人臣委質事君，固惟命之從，然亦不從之從，苟可以不辱王命，是亦從其命也。今薙髮之命，口則是而心則不然，倜等願從敝主之心命，此亦不得已，而其其所事之請耳。」仍奉付刑部北所嚴禁，分關每處二人，不得往來。六月，又見扈從故主諸臣丁迓衡、范如松、阮國棟卽獄中存問，丁迓衡告倜，謂「今奉大人命告公等剃頭，然我等昔曾讀聖賢書，所學何事，其肯為衞律之言，取子卿之罵乎？此不過應伯顏之藏索（素）而書『但取丹心』之句以相告，且乘其便來相省耳。」倜乃答之曰：「爾我迹異而心則同，丁公以封疆大臣，百戰力殫，則挈家浮海；阮侯范侯，以侍衛大臣，一朝城陷，則執輿隨蹬，皆未缺人臣之義。如我者受命於顛沛流離之際，莫展一籌，更以病劇還家，既不能從亡，又不能死事。暨病醒之後，攘臂一呼，難號召人心之既散；泣血七日，難挽回天意之不昌。不得已而留頭髮以表忠旌，雖苦節不可貞，亦甘心無所憾。使皆為我，誰其執纓；皆為諸公，誰其守節。所遇雖異，易地皆然，但欲一死，厥罪惟均耳。雖然，善自保重，他日返晉文之駕，狐偃趙衰，未必非諸臣之力。若愚等上不能為包胥，下不能為子房，已羞見諸公之面，而堅持一節，鼎鑊不能怵，軒駟不能移，庶幾可以明其志。所贈『丁零』之末句，敢不服膺，如我等之用心，君何須贅？諸公之重責，我不能分，希夷希蠡，自有經權；誰衞誰蘇，休岐彼此。惟閒新景，謹守初心，勿潛冀傍侍立之恭，益慎酒汶畀犴之計，愚等深有望焉。不然，愚等必為滿中之瘠，而公輩亦不免為他鄉流落之人，勉旃。幸將愚言以聞，俾我主釋然，無遑念此不智之臣，以重煩聖慮矣。」丁逝衡等遂去。十一月，後軍鑲黃旗官帶黎倜之子黎允佺來獄中，同與刑部司官皆告倜以剃髮，則君臣父子相聚相歡，何乃一向癡蔽而不近人情若此。倜答以：「文山之詩有曰：『我為綱常謀，有家不得顧。』云云，我固不敢以身家之私，而頓忘公義，列位其諒之。」倜又顧允佺，敎之以：「我既許汝剃髮，以跟吾王，汝能盡心服侍，是猶長在膝下，吾無憾矣。汝聽我言去之，休啼泣。」十二月，部堂官提審尚書胡大人（季堂）諭以：「爾等若不薙髮，則老死獄中，墳尸牢戶，噬臍何及？」倜等又哀訴：「且言此而出自大人之命，若謂倜等之願，則萬萬不敢。至如老死墳尸之事，倜等亦不敢，以『莫須有』三字而深望於大人也。」仍見付監禁，四人同監一所。

辛亥正月，聞故主在東城國子監之傍，已授鑲黃旌後軍佐領。三月，奉差阮國棟賚賜銀茶，但獄中嚴禁不得入。五月，風聞跟隨諸臣，竝行發遣各處安插：黃益曉于伊犂，范如松于黑龍江，阮國棟于吉林、黎忻于奉天府，其餘阮輝瓘、阮日肇等，皆在熱河。但音信難通，未審真的，而嗣後亦絕無信息矣。

壬子乾隆五十七年，五月，奉軍機大人呼侗等入內務府問以：「前者爾來志圖恢復，如今同去尚有幾人，汝主之弟黎惟祇，其人可輔否？」仍對以：「黎氏得國，四百餘年，深仁厚澤，及人久矣，其亡也人心憐之。又聞天朝聲義扶黎，于斯一國之民，咸稱黎氏，不謀同辭，此可見國人皆同志也。自故主北行之後，侗奉王妃命，糾合舊臣、世族、藩目、土豪，無慮二百餘員，每員手下多者千餘，少者數百，從之不為少矣，到今已經三、四載。阮惠既王，天命有在，人心可知。到此世殊事異，人各有心，如今亦不敢必其有幾人也。若夫故主弟黎惟祇，於故主出奔之始，尚能以三四十人保守一方以抗，武似可有為，然齒淺，而其他無足觀者。惟恐其未必不為阮惠之所害，縱或尚在，亦未必能與之爭也。」

癸丑五月，刑部秋審官提問：「安南有黎惟治，又一名惟溥，是汝主何親？黃文相、儂福瑨，是汝國何人？」侗等答以：「黎惟溥想是故主族叔，但黎氏子孫繁多，名字不詳記憶，顧見面貌，便知真的。黃文相係世襲土司，守隘在平靈關。儂福瑨亦係世襲平樂州知州。這等人名，如今何故問及？」秋審說：「是他自薙髮來投者。」

十月，聞我故主病崩在獄中，不得臨哭。甲寅五月，有本國津門人阮妸妹為從廣東洋匪發遣黑龍江，過部收監在此所，因得問國情，彼言「阮主為裔郡公所殺。」始聞其略，未知是否。

丙辰嘉慶元年二月，刑部秋審官來問，偶具稟，其略曰：「前者昏愚不能自量，欲將一髮而引千鈞；且牢於事君無二心之常奪，而不知苦節不可貞。遂致一念有毫髮之差，自陷於蒙之牿。七年園棘，兩鬢皆霜。今奉見天恩浩薄，窮髮霑濡，如蒙觀過知仁，釋纍歸骨，俾蟻生狐死，則遂鄙懷；則擢髮蒙恩，雖碎骨粉軀，不能報其萬一，矧於薙髮何愛乎？」

丁巳嘉慶二年十一月，見本國義安天祿人潘氏，得以洋匪家眷延坐收監在此。問之，始知海雲山以東屬阮光中，號景盛；廣南以南屬阮岳，號泰德；同狔地（即今嘉定邊和地），屬舊阮主孫，卽阮福也，三分鼎足。上年景盛與同狔兵會戰于洋面，未分勝負。方當造船鑄銳，括民為兵，以圖再戰，（志與同狔再戰定局。）再值頻年凶荒，民不聊生，正所謂「山河破碎水飄絮，身世浮沉風打萍」者也。

十二月，呈提牢司獄官，其略曰：「偶等萬里孤臣，八年囹圄，多蒙列位照顧，事事含容，使螻蟻得以遂其性，已不勝感佩之至矣，為此陳情，仰憑心炤。偶以亡國之大夫，固不可圖存；若李秉道等三人，於國於家，情分猶有所慊，乃跟偶同難，心有未安。今而後倘於言語居處之間，或有未到處，願將偶一人是問，禮以齊之，法以董之，可也，另外何須？且偶等雖係化外之人，然怕天下後世罵辱名教罪人，故甘心在此，本不貪生以賊義，亦不肯枉死以傷仁，從來秉赤行素，惟求庶幾無愧足矣，豈顧夫小小事件者哉！輪丸隨所化，牛馬任其呼，而積威之約，固已有刻木之期，不待聲以色而後帖聽矣。」司牢列位，咸嘉其氣槪。

己未正月上元節，陽房闃火，月久無燈，對景生情，述懷寫悶，因書三百八十四字，名曰北所敍情云：「世事浮雲，飽見狗衣變態；剛腸熱火，空教蚊惆成灰。恒知黎氏弛綱，致彼西渠構難。乍聽烏州鼓動，踴躍驅逐虎之群羊；倏聞龍吐鍾移，間關跟渡河之匹馬。蛟欲奮負山之勢，狐擬揚托虎之威。存孤初學晉程嬰，轉作包胥復楚佐。漢後希韓孺子，翻成信國囚燕，誤機之變靡常，行事之情何暇。萬里曾經冬雪沐，頭末剃而自髡；十年無奈朔風吹，冠弗毀而自裂。心彷佛吐泥之蚓，身依稀投燭之蛾。沮洳場狗塒鷄棲，安閒有地幽囚境。鼠肝蟲臂，賦予隨天。方寸中惟慎于從，職分內不能無憾。北海未生魚角，遜縈桂嶺九迴腸，鼎湖莫逮就龍髯，珠滴氷天雙串淚。公義已非敢望，私情夫復何言。白雲鎖樹指枌榆，空矚繫書之雁，紅日含山瞻岵屺，偏慙及哺之烏。致令忠孝道之兩虧，為欠逋播臣之一死。嗟！自古誰能無死，欲了分恐或傷仁；且為人孰不樂生，欲從權恐尤害義。明白但循天理，雌黃誰管人言。牛馬任其呼，無差心卽無愧色；龍蛇安所遇，不怨天亦不尤人。嗚呼！獸有首邱之狐，禽有南枝之鳥，宋珍裴伯耆在昔，拱北見丹衷；惟僚黎光貴何人，指南還素節。而今餘生猶未泯，白首究何歸。悠悠彼天，曷其有極。」寫完粘之屋壁。月底，刑部郎中金光地見而嘆息。

二月，刑部秋審官阿、金二位老爺，承堂官委來審問，仍有稟文遞呈：「稟為恭望照燭事，乾隆五十四年，承福公安康命，跋涉前往本朝，仰仗天威，幸酬國澤。詎料與止有命，陶鑄由天，罄竭愚衷，已無可奈。此際仰蒙天朝大德，格處施恩，命以薙髮，隸名旗籍，竝生至德，感荷無涯。但念愚魯侏儺，不閑法紀，徒然尸素，義有未安；兼以老親無依，先墳欠守，永念關山萬里，痛深罔極之恩，所以累次哀鳴，只願獲全孝道。下愚敝錮，鄙念難忘，囹圄十年，捫心知罪。今奉大皇帝如日方升之政，遍照陰涯，體天好生之仁，普覃率土。萬望列位大人，仰體洪慈，俯垂矜恤，原情赦過，釋纍歸骸，㑩等免致五倫俱喪，不惟螻蟻餘生，深蒙厚澤，而全家老少，存沒均霑云云。」

是月十四日，承堂官提審再有稟詞，略云：「阮惠得封，已經一紀，天命已定，人心已安，勢異時殊，萬無可為之理。惟思親念切，故以鄙情哀鳴。如蒙大皇帝懋德至仁，原情赦過，為開一條生路，釋歸骸骨，用脫蒙昏，萬荷成全之德，雖碎骨粉軀，不能報其萬一，㑩等請薙髮，以謝天恩。且念故主，乃天朝之臣子。㑩為之百姓，不惟義理當然，且免為阮惠之民，寸心無愧矣。伏望天覆地載，春育海涵，準許㑩等歸為兩粵之邊氓，往還商賣，在安置之例，俾得省視老親，養送無憾。倘力能搬運家眷，就居內地，亦得隨便辦理。」奉左侍郎熊大人名枚，不惟『往還商賣』四字，又諭以「願剃髮，許在安南營邊；如不願，則安置熱河，爾等何願？」㑩等仍對以：「奉釋纍歸骨，情願剃髮，以謝天恩。倘或不能，即願留髮，以求天理」等語。時四人各以主意另寫。㑩所說簡略，乃聞望，仍感激詩成二首。（七言律有云：「身困十年懷素節，命隨一髮表丹衷。」五言律有云：「大誼千金重，微軀一葉輕。」之句。）過呈二位老爺看畢，轉呈大人。

六月十五日，忽見後軍鑲黃旗樊老爺（名景賢）帶㑩之子允佺來獄中省視，即有稟謝略云：「十月幽禁，音信不通，不知兒輩流落何所。至是一見，恍若夢中，始覺天恩浩蕩，不以愚父故，尚許其子跟主當差，不勝感激之至。」自是纔通音信。後允佺與阮嚴、杜率三人來探，因便隨寄一書于安南東西營列位云：「重軒寂寂，動閱十年，隻雁遲遲不通一字，茲因順便，承候興居。敬惟列位貴台，緣諧暌過，義迪坤從，或執輿附蹤，間關羈旅；或梯山航海，跋涉艱屯。正氣凌霜，忠心貫日，雖程嬰、袁術等輩，不得專美於前。然猶未成偃衰范蠡之名，天也。如僕者，受命於顛沛流離之際，不為不重，乃力竭勝於蛟負，義有昧於蟻從，無論七日血不能叩于秦庭，三寸舌不能掉於漢幄。而蒙塵倉卒，罔預追隨，旅況寂寥，莫趨左右，已得安於我先君，擢髮不足數。迨夫不得已將一髮表寸心，何益於國之秋毫？雖九死不移，不過鴻毛之輕也已。及至雁羽不通，但築愁城於國土；龍髯莫逮，徒零淚雨於冰天。上不能如李若水之忠，下亦羞對列貴台之面。慚負天地，愧怍古今，非惟不足齒於僚朋，卽慈主之犬馬，亦必嗤之而不肯顧矣。今者屢蒙貴台垂情顧問，驚承拋玉，蓬髮增輝；駭見垂青，南冠生色，久縶之身，不勝感激之至。惟望慎自珍重，耐聽玉成，隨遇而安，泰來不遠。會見天恩浩蕩，雨露霑濡。雖陽房錮陑之中，亦得沐其餘波矣。」

八月十三日，刑部尚書後軍鑲黃旗都統成大人（名成德）委樊老爺帶允佺來，諭以父子團聚之意，仍有稟文恭謝殊恩，歷陳愚悃。「倜等漂萍萬里，圜棘十年，只因難改易之癡心，致有不可貞之苦節。君臣父子之睽隔，誠人情之所難堪。茲蒙格處包含，數月之間，父子再得相見，廣大洪慈，曷勝感激，雖破骨分軀，不能報其萬一矣。惟天朝暨南之化，百五十年，深且久矣。倜等惟率循德教之中，故不敢以私情而虧公義之重。至今已經一紀，世異事殊，倘蒙許以復讐，未必有讐可復；亦蒙許以從主，又無故主可從。公義既無可得，行其所事之由，又不敢以家門父子之私，而背天朝忠義勸人之化，故爭留一髮以表忠旌，初不敢晦顧夫他矣。茲豚兒具道大人恩意，山海高深，謂『如欲父子團聚，一意誠求，亦有一條活路。』倜等竊念，恩不可邀，時難再得，固當秉此機會，祈為出籠之鳥，舐犢之牛。然以皓首之餘生，豈肯改素心於未死？如蒙鈞鑒，然法外施恩，使狐死蟻生，得完鄙願，實賴大人成全之德矣。」

十月二十三日，樊大爺帶允佺來，又奉大人諭意如前。家人阮嚴、杜率亦得跟來，樊又說來：「獄中禁地，不敢多帶人來，尚有吳武、范曰庚、鄭德培三人在外，改日且亦帶來。」仍有稟轉達仰祈聖鑒事：「竊以黎㑩等，遠徼孤臣，圜扉十載。茲蒙大人體恤，既寬禁錮，俾伸舐犢之情；又許生途，獲脫重犴之地。照微獨隱，冬日春風，㑩等頓首承麻，曷勝感戴，為此冒瀆，備述鄙懷。乾隆五十四年，㑩等進入上國，本欲仰仗天威，以圖恢復，適值福爺辦理封阮惠之事，以致麇留解遞。當此，幸蒙大行太上皇帝淵鑑微情，不加譴責；累蒙列位大人，諭以改裝，當邀曠典。㑩等惟以便安國服，永矢弗諼，慚負皇恩，自貽伊戚，陷身囹圄，以至于茲。今年二月，又奉部堂大人面諭以『薙髮則許駐安南營，留髮則安置熱河，爾等何願？』㑩等竊以為羈旅之臣，幸得寬宥，普天之下，皆可棲遲，無於安南營，猶今之北所，熱河猶左之冷山。然以逋播之戾臣，尚得以投閒授食，是皆天朝含容之德，無得名言。惟家有老親，無人倚靠，心有所向，義亦未安。既蒙寬宥之仁，又遂思歸之願，則雨露之餘，葉根竝茂，河海之潤，遠近同蘇。若只為身謀而留此，則忠既不全，而孝併失，不惟抱終天之恨，且更違聖皇孝治之心。㑩等所以拳拳願歸故土者以此，別無他故也。然或者以為若放之，則㑩等或妄起爭端，或阮惠肆行加害，則萬無是理也。抑思阮惠再傳，已經一紀，天命已定，人心已安，景物頓殊，江山異狀。矧平王死則無讐矣，雖有屍可鞭，亦以伍相之才，方可圖彊吳之有隙，韓成死則無望矣。卽無人可輔，雖以留侯之智，亦必資炎漢之方興。如今度勢乘時，縱有智慧磁基，何能舉動？況下愚徒手，豈敢為赴火之蛾子乎？不惟㑩等不敢妄為，亦不能為也。且阮惠得國以來，凡黎氏臣民，除戰陣之外，所誅戮者，頑悖而已，卽有中國放回，未嘗加害。兼之侗隻影殘年，安其分命，非惟彼不忍殺，亦不屑殺；況心且畏天朝之命，而不敢擅殺也。倘幸而阮惠不殺，則生為黎氏遺民，亦可遂烏私而無憾。不幸而阮惠見害，則死於黎氏故土，亦得以畢狐願而無慚。阮惠之害與不害，乃侗等之幸與不幸，似不關天朝治體之重輕也。且以夷制夷，先王之成憲；大而無外，聖帝之用心。或自避難而內投，則憐而安之，固是至仁；或為至情而求去，則憐而遣之，亦為至德。化工陶鑄，隨物賦形，豈容心於其間哉？萬望情中求理，法外施恩，則侗等自今以往之年，皆大皇帝再生之德。伏惟大人恤及孤臣之誠欵，比照孤臣負罪，而從赦宥之條，奏請許之歸養，則五教之弼在寬，四方之風益動，而侗等全家存沒，均享洪慈於無旣矣。愚臣蒙昧，不勝戰慄之至。」

十一月，侗等聞國母晏駕，寧曆屆期，乃寄佐領公（黎惟祇乃故主之從叔。）與東西兩營列位書云：「黎侗、黎值、鄭憲、李秉道等，謹憑尺札，遙瀝寸心。當初不管淺深，本欲圖於托虎，自後惟無輕重，致不効於雙龍。每思臣節多虧，詎料化機莫測。西嶺幾時銜旭日，寸影難窺；東垣甚日落前星，半聲不達。嗟一望遠同於千里，覺重圍黒甚於九迷。一朝蒙格外鴻恩，禁防疎闊；幾載沓天邊雁篆，音信纔聞。驚欲消圜土之魂，愁難禁冰天之淚。已矣鼎湖雲暗，攀莫逮於遠去之龍髯；倏然寶婺霜侵，望更阻於升遐之鶴駕。側耳聞哀有訃，倫心八臨無由。長空何處是雲駢，謾向鞠躬遙辨；重棘此中非店次，苟將披髮宜從。揆諸禮制有乖，意與孝忠倂失。嗚呼！孤臣久繫，只欠一死之身；大義多慚，幾絕五倫之道。人而至此，天實為之。茲因窀穸屆期，遙瞻祖道。謹具蠟奏微物，用表臣心，伏望垂情，曲為邃進。」倆等在獄中泣哭，人聞之，皆為之感。

庚申年閏四月初四日，奉放出獄，移于京城之西十二里藍靛廠外火器營安插，頭髮服色，聽其自便，故主墳墓，準其展拜；兒子許其來往。卽賦詩一首，刑部官及管官云。

（有句云：「擢髮難酬新雨露，回頭恐負舊山川。」）

五月，總管火器定親王（名恩）。來面諭：「今奉皇上恩典，許爾們在此，交我善為撫恤，其養贍恩錢，在後軍鑲黃旌照發，爾們安遵無違。」

十二月，再往北津莊洒掃園寢。但見纍數堆品塚，靠幾樹楡林。呱呱一行弱息，洒洒三杯麥飯，目難禁冰天之淚雨，心遙騰珥水之愁雲。遂與佐領公謀將主骨歸葬。佐領公謂：「此係吾主之遺囑，丁寧在耳，忉怛于心，願與之同，曲為之計。開春，國母喪既除，亦是一機會也。」於是與國人言之僉同，仍具稟文，其略曰：「黎氏散亡，賤品徒仰素餐；報答無階，不勝愧恥。況親老在堂，無人倚靠，若偷生在此，不孝之罪既大，而主僕之義尤有未安。現在故主他鄉，數堆孤塚，生不能及蒙塵之駕，死不能安旅況之魂。痛聞故主臨終，曾無帶骨歸南之囑，況又慈宮告逝，更多孤丘首北之思。（小子）呱呱，重泉難報，倘倆等懷私忘義，明非幽責，慚負殊深。從前旣以歸骨哀祈，第安南國已屬阮惠所管，未便放回，為此具白情形，仰祈霄鑑。原夫弊國封疆，共十六道，自黎氏中興以來，勳舊臣昭勳公阮淦，世掌廣南等道，二百餘年矣。自阮惠篡據黎城，彼兄阮岳亦據廣南蟠蛇城，（即今平定）。與彼對峙。其黎勳舊之後，猶能保廣南之同狔富國山等處。以仰望天朝久矣，地偏分小，未達欵誠。然自兩廣沿海以南，無不稔曉。如蒙大德垂憐，惟許倆等負故主骸骨，前往廣東，交該地方管官辦理；或委員護送，交與同狔處阮長；或許侗等二三人轉報同狔富國地方，即此地人民，猶是殘黎之舊。北有阮岳之隔阻，與阮光纘（惠之子）全不相干。就此而營藏枯骨，故主之孤願果完；就此蘆墓養親，侗等之蟻忱俱遂。不惟侗等仰蒙大皇帝再造之德，而黎氏主僕，存沒均霑於無既矣。」

辛酉六年二月，侗等將稟文，遞在定親王，經時不報。再將養贍錢糧，固辭。九月達大人委參領高、王、朱、何四大老爺，就住所諭云：「其錢糧不推辭。」自是阮嚴、杜率、鄭德培、及范曰庚等，始得往來，而禁防解矣。

癸亥八年正月，聞安南國王阮光纘於上年為農耐（即同狔地）國長阮主所滅，奉上諭中外，咸得聞知。二月，始聞得實信，遂具稟懇祈回貫，叩求定親王轉奏，略曰：「竊惟：侗等前來，只為黎氏傾危，欲圖報復，奈興亡有命，不可挽回。仰蒙大皇帝恤及癡忠，隨其舊裝，投閒授食，陽春浩蕩，感激無涯，螻蟻餘生，已偷望外。惟念毫無報答，孤負天恩，徒竊素餐，不勝愧恥；加以至情未泯，大義難忘。蓋侗等四人帶罪以來，故主既亡，狐丘望斷，而所遺一女，付托無人。且老親在堂，無人倚靠，或全無兄弟，或未有子女；若偷生在此，則主僕之義未安，而不孝之罪彌大。茲竊聞道路傳言阮光纘不能保國，現在農耐長阮主為先世復讐，遣使賫表進貢，奏聞天朝。伏思農耐即廣南之同狔，其長乃黎氏輔政照勳公阮淦之後，是侗等舊主同仇，別無嫌間，則侗等有可回之機，有安生之地。倘奉天朝勒回原籍，是以外夷之人，安插外夷之地，既不免衣冠文物之邦，而侗等亦得以養生送死，幸存人道之端，尤以見天恩撫恤之至意。萬望王爺施恩，曲為仰干天聽。幸蒙大德垂憐，准依所乞，將侗等死生形魄，交農耐國長照領，此則故主之孤願果完，而侗等之烏私亦遂。十五年仰荷包容，既不奪於仇家之手，今而後過蒙矜恤，又不致忠孝之兩虧，而益顯忠義之兼至。終始成全，皆大皇帝覆幬之仁，不可為狀者矣。」

七月二十五日，聞道路傳言，安南今改為越南，貢使日夜必到。侗與秉道等，告晦上往大路接使，探問家信。直至長新店，聞貢使已在涿州。侗又聞有兒子黎允倬充貢使部行人，來尋家父。侗卽順大路走至涿州。二十六日，果見允倬在涿州南關，父子懽喜，驚動涿人。侗仰荷天心相佑，父子相逢，偶成一律（有「初聞每謂人欺我，及見驚呼汝是誰」之句。）二十七日，被知州聞知，乃命縻留解遞。八月初二日，到部審訊，半月間，欽奉上諭：「黎侗係徼外纍臣，放釋在外火器營安插，今往接見兒子，亦人情之常，豈宜見罪。況既有告假，非係私行，人具有知，當無不合，仍再外火器營安插。其該營寶善乃總管之員，輕許告假，經年查訊，堅不肯招。及到部面質，抵賴不過，始盡招承，甚屬狡詐，著發烏魯木齊効力贖罪。（侗等以爲似此天恩，殊深感佩，惶喜交集。）

九月初一日，鑲黃旗後軍老爺來問「只今願回國與否？」日晡，總管火器營定親王到營，再諭：「以前儞們有禀，求負儞故主骸骨回國，今軍機處奉傳現在越南國王已封敕了，儞等是否願回，據實聲覆無遲。」侗等具禀：「為情願回國事。竊念侗等徼外罪臣，已荷天恩，不加重譴。遐陬賤卉，咸蒙春雨之霑；寒水漂萍，倍覺陽和之照。固已安乎分之所遇，猶冀望乎意之所如。玆奉伏蒙旨傳問，是否願回本國，此乃見大皇帝天高地厚之恩，無涯感激。侗等四人，但情願將奉故主骸骨，遞回本國地分安葬，以安旅魂，庶昭天朝控撫之經，內外一恩威而竝濟。而侗等歸來之樂，存沒皆感佩以無忘。」

十月，遇故主忌時，往拜園寢。（感作詩一首）

甲子嘉隆三年，侗等奉得全髮以歸，奉遞黎故君及太后、元子骸骨回葬于清化。侗歸，乃于本縣大同社寺居住。

甲子年十一月，祭祠堂文曰：「一點蟻明，十分蚊負。火砲金戈蹇蹇，於國何裨；水源木本悠悠，有家不顧。從龍終莫逮龍，托虎翻成踐虎。銅柱外甘投客地，千萬里雪霜；鐵城中苦戴仇天，七十期雲霧。頭蓬鬆辜負君親，心忐忑（忐、呼敢切、音啖。忑音忒，心虛驚也。）羞慚今古。三百載宋綱掃地，鵑啼之恨不文；十九秋漢節凌霜，羝乳之期少武。藉神威盡掃西氛，憑先蔭再來南土。一文錢不值，靦何顏相見父兄；三徑菊空荒，貧徹骨難酬儞祖。潦草陳截醴以饈，依稀想羹墻如覩。

〔附〕故黎朝從臣墓碑（長河侯）

侯姓黎，超類縣大卯社人，黎朝景興癸亥科進士，刑部左侍郎岱岩侯之冢子，名侗。侯之堂弟黎值，乃黎朝景興戊辰科進士，諒山總鎮秀川侯之弟五男也。侯以掌侍衞有功，累封長河侯，黎值奉執羈靮有功，賜爵超嶺侯。昭統元年十二月朔，西山將兵侵薄昇龍城，御駕北遜于諒江，侯率家丁翊駕，自北而東。二年戊申二月，侯奉跟尋太后與元子于高平，為西兵所迫，遂奉投內地之南寧府。事聞大清皇帝，特命侯從廣東路回探國情。既復，乃命兩廣總督孫士毅提師救援。十一月克復京城，乘輿反正。時用乏兵少，侯以平章事總督兵餉，超嶺侯北使迎太后與元子至自南寧。三年己酉正月，西山兵潛至，孫總督兵潰退北走，御駕亦從北幸。比至燕京，悉令薙髮受封，無復有再授意。侯居國募兵裹糧，預先措置，日望援兵再來。涉夏徂冬，竟無聲息。乃與弟黎值及同志鄭憲、李秉道等進關，謀圖恢復。既至，竟不許面君，迫之剃髮改裝。不受，拘禁于獄，凡十三年，脅威利誘，終不能奪。侯嘗有詩云：「身困十年懷素節，命隨一髮表丹衷。」其見於文墨者非一。黎故君在日，命錄其辭，顏曰：「四公詩集」。北朝稱為「黎家四義士。」

逮嘉隆元年壬戌，西山賊既平，侯長子允倬奉從使部來探聲息。三年甲子，北朝咨交回國，乃得全髮以歸。再願奉迎黎故君玉棺及太后元子骸骨，返葬于清化。禮畢，卽于本縣大同社寺居住。其詩有云：「佛祖遺來訓弟子，皇天許作舊閒人。」壯哉！十七年間，始終不變，黎從義臣有四，而侯之兄弟居其二，誠古人所謂罕見也。夫讀聖賢之書，行聖賢之道，侯之謂乎？我朝皇帝嘉其志節，屢年恩頒，閒養餘年，侯遂其願。乙丑九月十六日，侯卒。超嶺侯遵其遺囑，上京晉謁，再乞回貫安養，日久與親舊娛樂者，嘗粘「謝天清福」四字以見志。十年辛未三月初八日，以壽終于家。噫！二侯故家今胄，體國遺臣，進退之間，忠孝無慊，其操守為何如？蓋有長河侯為之兄，所以識超嶺侯之志；有超嶺侯為之弟，益以白長河侯之忠。一門兄弟，忠義攸兼，有以光前史，而揚後來，炳炳燐燐，視列先君子真無忝矣。爰祀其事，以壽于石云。

皇朝嘉隆十二年癸酉復月穀日，黎昭統丁未正進士阮堅甫撰。

附對聯

華夏春秋留姓字；泉臺面目見君親。

名節鳴千古；風標作十夫。

山河正氣文丞相；拘禁貞心蘇子卿。

有誓往周鼎，寧甘屈宋轅。君親如可報；生死安足論。

名節俱千古，忠賢萃一門；貞砥留姓字，正氣浩如存。

【四】黎末節義祠

禮工二部臣 等謹奏為將遵奉酌議緣由，恭摺具奏，仰祈 聖鑒事，本年八月日，欽奉 明諭內一欵、「朕聞：自昔忠臣烈女，見危致命，舍生取義，非以邀名於後世，而朝廷必旌褒之，誠所以鼓勵風教而激勸將來也。年前禮部臣 遵將黎末殉節諸臣，議請追錄一摺，經交廷臣查議。嗣據奏上，朕再三批閱，重念國家旌典，其於人心風俗，所關非細，予奪存削，千載之公諸係焉，誠不可不詳慎也。爰命史臣重加稽核，再交廷臣覆閱，以昭公詳。節據覆敍，朕各已詳覽，仍照之廷臣原摺，請該二十五名氏，其間固有卓然可稱，亦有尋常無甚表見。又有庇類可指，亦有遺漏未周，所應甄別權衡，用工大公至正，就中如黎倜、阮曰肇、陳名案、阮廷簡、阮廷院、陳光珠、阮文涓、陳名偶、陳珽、阮氏金、潘氏舜等 ，其精忠節烈，固為可嘉。增檢之阮輝濯；阮國棟、黎昕、黃益曉、黎允值、阮廷錦、黎貴適、潭慎廠、阮雄忠、阮仲瑜、黎松、黎式、黎仲偉等，雖無異常，而始終從亡，確有實狀，亦屬可錄。又如范如松，摺內以其去回未明，懸之冊後。茲究出范如松現於嘉隆年間遣回，則該之始終完節，去回本自明白，準併與前次議旌二十四人，一同列祀。就中阮氏金於嘉隆年間，已奉恩給墓夫、祀田，又命立碑於其鄉，已足慰潛爽，茲著毋須再議。潘氏舜已有原祠在翠靄社，茲著于這祠豎碑旌表。餘自黎倜以下，准于河內省城黎氏故都之地，立祠各祀。黎倜艱貞自靖，百折不回，其氣節較與同輩中，尤為出色，著賜專謚。餘阮曰肇、陳名案、阮廷簡、阮廷院、陳光珠、阮文涓、陳名偶、陳珽、阮輝濯、阮國棟、黎昕、黃益曉、黎允值、阮廷錦、黎貴適、潭愼廠、阮雄忠、阮仲瑜、黎松、黎式、黎仲偉、范如松，該二十二人，著賜通謚，用亦甄別。其廷錦著，俟列祀日，照從舊名，毋須改避。他如阮廷院之子阮玉璉、阮玉肇、阮玉振、壻韶尊洽；陳珽之弟陳琅，侄陳澄，與該兄之壻武仲逸，弟之養子陳寅、陳鶴，黎仲偉之子黎廷定等，均由同時殉難，一門忠孝，亦屬可嘉。其阮玉璉等十人，著准其附祀于祠，俾知朝廷表節旌忠，無微不錄。向上應得賜謚祀典，與立祠建碑等款，著交禮工二部臣，會同詳悉。著議當如何垂之永久，具奏候旨，裁定施行，稱朕意焉。餘准依議行，欽此欽遵。」節經請展臣等謹請會同商議奉查之。清康熙年間，命官採揖明末殉節諸臣實錄，賜專謚者八人（如左都御史劉尊周謚忠介，吏部尚書後石麟謚忠敕之類。）通謚者三百十人（如布政夏萬亨、副使王養正等，俱賜謚烈愍之類。）再恭照本朝中興功臣廟，正堂前堂各七間，合為一座；左右從祀各七間，前後設儀門一座，下層設前門三座。歲以春秋二祭，正案禮用黃牛羊豕粢盛各一，左右等禮用黃牛粢盛各一，竝豕分宰陳設，竝金銀香蠟芙酒齋用。再查故黎宮人阮氏金於嘉隆年間欽奉 聖旨，命立石碑于其鄉，碑內刻 旨賜安貞殉節阮氏金之門，各等因在案，茲故黎殉節諸臣，自黎倜至范如松等二十三人，竝同時殉難之阮玉璉等十人，應得賜謚，建祠列祀，祀器祀典與及潘氏舜建碑旌表各欵，相應斟酌議辨，用垂永久，庶慰潛馨。至如營建祠宇及製辨祀器祀典建碑旌表，應需工料，請由河內省支項照辨事清，據寔提銷。所有臣等酌議各欵，謹奉臚列于左，恭摺具奏，伏候 聖旨，謹奏。

計開：一奉擬建祠規式，請由河內省于故都之地，擇塽塏處奉建祠宇，正堂、前堂合為一座。正堂三間二廈：樑心五尺八寸，振心中間六尺五寸五分，左一右一各六尺四寸五分；二廈第一架，各五尺四寸，第二架各三尺一寸，前後第二架各五尺四寸，後第三架各三尺二寸。前堂一間二廈：樑心五尺四寸，前第二架五尺一寸，後承霤三尺六寸，振心中間六尺五寸五分，左一右一各六尺四寸五分，左二右二各五尺四寸；二廈架各三尺一寸。均以堅確色木為之，蓋以瓦片。其正堂之左右後三面，前堂之左右，各砌以磚牆，四圍繚以甎垣；前面設儀門一座，下層設月門三，角于繚牆之內。左邊構造瓦屋一所；四位之間，內二位用林木兩端，後面竝用甎墻。如闢田入公，除免稅例；如係私田，照據原價奉支官錢給還。如數再量，撥附近壯民十名，充為該祠祠夫守護，均除免兵傜身稅諸事務。

一奉擬賜謚列祀一欵，奉照黎侗事狀，較與同輩中最為出色，請賜專謚忠毅。餘自阮曰肇、陳名案、阮廷簡、阮廷院、陳光珠、阮文涓、陳名偶、陳珽、阮輝濯、阮國棟、黎昕、黃益曉、黎允值、阮廷錦、黎貫適、譚慎廠、阮雄忠、阮仲瑜、黎松、黎式、黎仲偉，該二十二人，請賜通謚忠愍。向上預祀二十三人，請為製造牌位明書，何係有職御者，請冠著故黎節義某職御、謚號、姓名。至如阮廷院之子阮玉璉、阮玉肇、阮玉振，壻韶尊洽，陳珽之弟陳琅，侄陳璒，與該兄之壻武仲逸，弟之養子陳甯、陳鶴，黎仲偉之子黎廷定等十人，請製碑扁(匾)二面，每面分為五行；每行一人，明書姓名列祀。中正間一案祀一人：

故黎節義，同平章事長派侯，謚忠毅，黎侗之位。

左一間一案列祀十一人：

故黎節義，四城副提領，謚忠愍，阮曰肇之位。

故黎節義，兵部尚書，筆峯侯，謚忠愍，阮廷簡之位。
故黎節義，京北署鎮守，琔武侯，謚忠愍，陳光珠之位。
故黎節義，謚忠愍，陳名偶之位。
故黎節義，戶部右侍郎，謚忠愍，阮輝濯之位。
故黎節義，署京北鎮守，謚忠愍，黎昕之位。
故黎節義，都督指揮使，謚忠愍，黎允値之位。
故黎節義，掌四寶，謚忠愍，黎貴適之位。
故黎節義，謚忠愍，阮雄忠之位。
故黎節義，謚忠愍，黎松之位。
故黎節義，京北鎮守，左參政使，謚忠愍，黎仲偉之位。
右一間一案列祀十一人：
故黎節義，封靖難功臣，御史兼副都御史，謚忠愍，陳名案之位。
故黎節義，宣光處清刑憲察司副史，謚忠愍，阮廷院之位。
故黎節義，侍內，謚忠愍，阮文涓之位。
故黎節義，謚忠愍，陳珽之位。
故黎節義，都督同知，謚忠愍，阮國棟之位。
故黎節義，迪郡公，謚忠愍，黃益曉之位。
故黎節義，謚忠愍，阮廷錦之位。
故黎節義，謚忠愍，譚愼敝之位。

故黎節義，武尉，謚忠愨，阮仲瑜之位。

故黎節義，謚忠愨，黎式之位。

故黎節義，提督四城軍務管山西鎮守，遙領宣光、興化等鎮協理，兵部戶部參預朝政，近光侯，謚忠愨，范如松之位。

東廈從祀五人：

故黎節義，阮仲璉之位。

故黎節義，阮玉肇之位。

故黎節義，阮玉振之位。

故黎節義，韶尊洽之位。

故黎節義，陳廷定之位。

西廈從祀五人：

故黎節義，陳琅之位。

故黎節義，陳寅之位。

故黎節義，陳鶴之位。

故黎節義，陳璒之位。

故黎節義，武仲逸之位。

【五】補遺集

黎倜

北寧省順安府超類縣上卯總大卯社中村。

奉究原冊敍該省咨敍：黎倜，故黎進士黎允倜之子，以儒生出身，管左右衞兵。丁未昭統元年，僞西兵至，黎出帝奔諒江，親率家屬衞從，封長派侯。又奉跟隨黎太后與黎元子投于高平道，爲僞西所迫，遂奉黎太后與黎元子投清國南寧府，上表乞援。清帝命兩廣總督孫士毅赴援。戊申年，改授同平章事，以病告。已酉年，士毅兵潰，黎出帝北行，卽糾募兵義勇，以俟北兵再來。久無聲息，乃與堂弟黎允値及黎故臣鄭憲、李嘉猷如清求援。至則聞徒亡諸臣，已爲清人薙髮改裝，隸名旗籍。清人復迫令去髮授以官職，僩不肯受，拘于獄，凡十三年，威脅利誘，終不肯屈。有詩云：「身繫重肝懷素節，命隨一髮表丹衷。」又云：「大義千金重，微軀一葉輕。」清嘉慶帝嗣立，嘉其忠義，乃放出獄，頭髮衣服聽其自便。嘉隆三年，清許護遞黎出帝櫬及諸從者回國，存髮以歸。既奉黎帝與黎太后元子歸葬清化，常於本縣大同社寺居住。終後，欽蒙□恩恤錢糧，以資營葬。

再奉查黎史補編：已酉年正月，黎出帝入清，留僩本國招誘豪傑，以圖興復。是年四月，清閣臣福康安札召僩面談國事，僩遂入廣西。既見康安，誘以薙髮易服。僩答曰：「承札面談國事，今無所談，獨令薙髮易服，是何道理？吾輩頭可斷，髮不可薙。」康安怒，卽安置之，尋解送燕京。至山東，清帝東巡，召入見，諭以：「汝主既願安居中土，汝等一意從君，可卽薙髮易服，以俟廸簡。」僩辭曰：「萬里從亡，願得以土俗一見國王，然後奉旨薙髮未晚。」清帝嘉之曰：「黎氏忠臣。」仍送入燕京，下愼刑司。餘查黎季紀事，略依。又查燕京遣回清册，齊有名等語，玆臣等詳查，亦依。

阮曰肇

義安省英山府南塘縣
嫩柳總青水（舊泉）社

奉究原册敍該省咨敍：曰肇，故黎鄉貢阮曰廠之子，初中校生。黎末僞西兵至，曰肇招兵入衞，授四城副提領。戊申年，牧山之敗，黎出帝播遷，具表請援。清命孫士毅提兵赴援，敗西賊于昌江，黎帝與士毅會抵昇隆（龍）城。及僞兵再來，曰肇相與拒戰，不克，士毅拔壘渡河走，黎出帝與士毅匹馬俱北，獨曰肇執靮以從。至南關，諸臣陸續繼至。旣至燕京，與從亡諸臣十人歃血爲誓，具表請兵。清人不納，又被閣臣和紳詭計，分背別處，曰肇安置于熱河張家口。後聞黎出帝訃，設位哭盡哀昏倒，移辰因發病卒。嘉隆三年，清許諸臣奉黎出帝櫬回國，曰肇得歸骨附葬于黎帝磐石陵側。再查黎史補編及義安風土記事狀，略依，等語茲臣等詳查，亦依。

陳名案

北寧省順安府嘉平
縣大　總寶篆社

奉照原册敍該省咨敍：名案，昭統一年丁未科進士。適僞西兵至，黎出帝播遷，追隨羈靮，未嘗離左右。戊申年，黎出帝命與黎維亶如清乞師，情辭懇切，詩章酬應，聳動北人。清帝命兩廣總督孫士毅提兵來援，以功封靖難功臣，陞御史兼副都御史。已酉年，僞西兵逼黎出帝北轅，名案病，不及從，逃竄村野。僞西多方招致，終不肯屈，一門老少，累爲縲繫，曾無懼意。卒爲僞所獲。又以高官厚爵誘之，鐵石一心，詠詩自誓。僞知其不可奪，義而釋之。潛回與陳光珠、楊廷俊謀圖起義。不克，再逃。後聞黎出帝訃音，北面仰天泣拜，轉成大病而卒。再查黎季紀事並後黎節義錄事狀，略依等語。玆臣等詳查，亦依。

阮廷簡

清化省河中府弘化縣慈明總永治

奉究原册敍該省咨敍：廷簡，黎景興已丑科進士，仕至兵部尙書筆峯侯。及僞西兵來，潛寓于山西之立石縣，陰圖豪目，集兵剿僞。事覺，爲僞拿獲，檻送昇隆監禁。或逼以屈服，或勸以飲藥自盡，皆不肯從。嘗於獄中罵僞不已，咏詩自述，臨刑，無少驚懼，人皆悲嘆之，其述詩有：「恨無王燭忠臣劍，浪誦天祥正氣歌」之句。再查後黎節義錄，廷簡爲人剛直，遇變，將兵勤王，保衞城池，授兵部尙書。及僞西再來，黎出帝北遷，廷簡從不及，亡匿山西之立石縣。有女爲僞主所獲，嬖之，其女使人齎僞書來覓，廷簡大罵曰：「不孝女辱我門戶，罪不容誅，安敢以兒女之情，亂我君臣之分，誓不與此賊同日月。天不祚黎，有死而已。」賊知其不可屈，恐爲後患，密遣生置之。僞主以房闈之故，意有未忍。廷簡罵不絕口，誦詩如前句，終不食而死等語。玆臣等詳查，亦依。

阮廷院

義安省英山府興元縣都安總美裕社巨村

奉究原冊敍該省咨敍：廷院，故黎鄉貢，爲宣光處清刑憲察使司副使。黎末在蒞，聞僞西兵至，具疏請歸募鄉兵討賊。黎帝勅：隨宜料理義安事務。丙午年，回至義安鎮，分委諸子，招撫豪傑，召募鄉兵，分守險要諸道，與僞兵戰。不敵，退回家貫修理戰具兵糧。丁未年，僞圍其家，廷院率諸子婿並鄉兵拒戰，經三日夜，勢屈力窮，與其子鄉貢玉璉及玉肇、玉振、婿韶尊洽俱死之，賊斷首級引去，鄉兵三百餘人，並爲所殺。時玉肇之妻胡氏援，年方二十一；玉璉之妻武氏鍊，年方十七，均未有子，挺身出隨僞兵，懇乞首級，將回合葬。嗣而守節，各至七十餘歲，病故。再查黎史補編：西山阮睿以僞岳舊將，孤處義安，恐爲僞惠所害，陰結阮廷院，令潛通阮整，約以併力攻惠。旣克之後，交還義安。廷院具奏，黎帝嘉之，乃令廷院先回料理。廷院至義安，陰募義士，整不應。及睿從哀牢歸西山，廷院據義安，睿裨將阮令等復攻廷院，院勢孤無援，與其子婿俱戰死等語。玆臣等詳查，亦依。

陳光珠

北寧省順安府嘉平縣萬斯總浮灘社

奉究原冊敍該省咨敍：光珠，於昭統丁未年，僞西兵至，黎出帝播遷，倡率義兵攻僞節制武文任，于天德江斬獲甚衆，義聲大振。黎出帝聞其忠勇，召拜殿前都指揮使，委以興復。與僞抗拒，常以孤軍出沒，多致克捷。戊申年，清人來援，黎出帝使將兵扈駕，拜爲先鋒大將軍，向引北兵進討克捷，命爲京北署鎭守、淀武侯。已酉年，清人兵潰，黎帝北轅，追隨不及，潛回該縣，與陳名案、楊廷俊、黎仲瑞，三四年間，累與僞司寇名勇、僞都督名元等拒戰，兄侄俱死于陣。至壬子年，爲僞所獲，不屈死。至嘉隆元年，奉恩蔭一子爲員，子項。再查黎季紀事事狀，略依。等語兹臣等詳查，亦依。

阮文涓

清化省紹化府東山縣布衞社淨舍村

奉究原册敍該省咨敍：文涓，於故黎昭統年間，應務侍內兵。及僞西兵至，追黎帝北往。後北國宰相與黎出帝遊，有漫意，該拽出拳毆，責以失禮。事聞，北國嘉其忠，後尋死。至嘉隆三年，北國許該骸骨回葬于黎帝墓下。再查黎史補編：黎帝至淸，分背從臣於黑龍、吉林等處。一日，黎出帝太早馳馬入黃旗都統金簡第，欲爲諸臣告訴；簡方侍淸帝於圓明園。黎帝馳馬入園，與僮文涓執轡至園，伏地大呼。園者懼，聲達御所，共奪其馬，掖黎帝上車，勒出愼刑司。文涓大呼曰：「吳子無禮，敢辱我國王。」取廷甓打園者。園者爭毆文涓幾死，並勒去愼刑司。文涓因得病死。後自淸歸骨，附葬于黎帝磐石陵側。據此編所載，係是打園者，其省咨拽毆淸宰相一款，頗屬訛謬等語。兹臣等詳查，亦依。

陳名偒

義安省河靜道河清府
石河縣黃中總玉田社

奉究原册敍該省咨敍：名偒，乃故黎進士，陳名倣之子。丙午年，僞西兵至，挈室于天祿縣之鵝溪，潛謀起義。僞將阮愼以金幣來招，稱病不起。愼使人强送義安，過藍江，自投水，得援不死。愼强使拜，不肯；與之饌，不食；屢以威脅，抗言不屈。因咏詩述懷云：「地覆天翻六載餘，故家公子又何如。衷腸暗積乾坤恨，面目明慚日月居。剩得有身貞苦節，不嫌無米煮甘諸。分同蔚蔗長凋沮，莫向春風倖發舒。」僞知其志不可奪，慰而遣還，乃聚州民誓，與僞西不共戴天。癸丑年六月，與僞交戰，衆寡弗敵，自刎而死。再查義安士風記：名偒字芳禺，有才學，不應舉。西山之亂造，邑簿令人各帶牌爲信，芳禺獨不受。西山械送吏所，令拜，不肯；言語不少遜，令賦詩，秉筆立就，其詩云：「滄桑抵事太紛披，苦節終完此百罹。河漢不曾淪弱骨，雲山漫自鎮愁眉。寰區荼苦三生在，鼎鑊飴甘一死歸。誼斷在前天在上，景純一命訂何期。」西山奇之，釋其縛，爲之設饌，拒不食。西山見其不屈，甚敬重焉，送之還家。復聚衆鵝溪，欲攻永城，至彬舍山下，衆潰散，遂自刎。有口占詩云：「出門知究竟，臨事有號兆。護國無長策，隨身有短刀。擡頭對鴻嶺，九十九峯高。」等語玆臣等詳查，亦依。

陳斑

海陽省南策府
至靈縣滇池社

奉究原冊敍該省咨敍：陳斑，乃故黎進士，翰林院檢討陳璡之子。丙午年，僞西兵至，自率弟侄十餘人，糾率手下士兵器械，扈侍黎出帝回至靈縣駐紮。及清兵來援，各得擢用。嗣僞西復來，黎出帝往駐京北，殿後，不得追隨。返回糾合豪目手下士兵，築壘與僞西拒戰。勢力弗敵，弟陳琅、侄陳澄皆死，餘散入山林。潛隱經數年餘，僞西招諭，不屈。庚戌年三月日，再與故黎進士黎惟亶、原京北協鎭黃春秀等，舉義于拋山，斬獲僞衆。經十餘日，僞兵三面來，斑與兄陳瑓之婿武仲逸、弟陳珪之養子陳寅、陳鶴俱死之。至嘉隆元年，欽奉 聖旨，準其弟陳瓚以端雄知府用。再查黎季紀事：黎帝播遷至超類縣，陳斑、黃春秀、陳光珠、武瑢、武致亨等，各以所部迎駕，駐于清河，爲賊攻破。黎帝幸至靈，丁錫壤謀欲刼駕，約賊黨海陽鎭守黃廷綏合兵圍之月餘。陳斑等乘間掩擊，斬其將岑敬等。後賊兵日逼，黎帝避渭潢，時海陽迓駕者舟百餘艘，皆遣歸，與陳斑相應，以圖海陽等語。玆臣等詳查，亦依。

阮氏金

北寧省順安府良才
縣琵琶總琵琶社

奉究原冊敍該省咨敍：阮氏金，爲黎昭統帝宮嬪。黎帝北轅，弗及從，乃潛隱于外家。嘉隆三年，黎帝棺柩北回，氏金往關上迎接，回至昇隆，仰藥而死。事聞，奉聖旨，命立石于伊社，分，內刻「旨賜安貞殉節阮氏金之門」。再查黎史補編事狀，略依等語。玆臣等詳查，亦依。

潘氏舜

義安省河靜道石河縣黃兌總爪牙社

奉究原冊敍該省咨敍：潘氏舜，乃故黎都總兵使湫嶺侯吳景桓之妾。黎末，僞西進迫，景桓與二子挺身赴賊，力戰于珥河翠靄津次，父子三人同日戰死。氏舜設壇于江上致奠，卽于翠靄戰處赴水死。再查黎史輯編：黎顯尊景興四十七年，贈吳景桓之妾潘氏舜爲節義夫人。初，翠靄之役，吳景桓奉命討賊，戰不克，投于江。潘氏舜，其妾也，卒哭後，亦投于江以殉節。至是褒封，令立祠祀之。注 初，景桓，石河爪牙人，將閥也，年七十二。翠靄之役，奉命勤王，族人有以公老止之，公曰：「吾族久受國恩，今乃退避，何以對祖考之靈。」乃率本部進至翠靄，戰不克，投于江。妾潘氏舜，號水女，未有子，於卒哭後，泣謂族人曰：「妾事公久矣，公死王事，妾願從之，以終婦道。且公之死也，不獲葬，妾死後，亦當付之江流可也。」乃往江岸設壇，爲公誦經一日夜，令人借一小舟來，穿色服，與侍女立于船頭，令舟子棹至半江。衆人聞之，觀者如堵。氏舜再向江岸族人四拜，自投于江而死。至是贈封節義夫人等語。玆臣等詳查，亦依。

阮輝濯

北寧省順安府文江縣奉公總丹染社

奉究原册敍該省咨敍：輝濯，故黎進士，仕至戶部右侍郎。黎末，僞西迫令入拜，輝濯抗節不屈，仰藥自盡。再查黎季紀事：昭統二年，僞西兵至，黎帝出奔，僞惠使悉召故黎諸臣合表勸進。輝濯被執至城，不肯入見，夜仰藥死。事亦寢，究之，輝濯確係節義等語。玆臣等詳查，亦依。

阮國棟

北寧省順安府良才縣琵琶總琵琶社

奉究原册敍該省咨敍：國棟，故黎宮嬪阮氏金之兄，仕至都督同知。昭統三年，黎出帝如清，國棟從亡，後扶黎帝櫬回國。嘉隆八年，以節義可嘉，欽蒙恩賜糧米五十方、錢五十貫、準籍爲外銷差項。再查黎季紀事並黎史補編：國棟前與黎侗等，奉黎太后及黎元子投南寧乞援，孫士毅使從間道賫檄先回，見黎帝于良才，議遣黎維亶、陳名案奉表以往，士毅乃將兵來援。後從黎帝奔清，與范如松等十人歃血爲誓，具表請兵。清人不納，遂發吉林安置。又查燕京遣回清册有名，究之，阮國棟確係節義等語。玆臣等詳查，亦依。

黎昕

義安省莫山府南塘縣嫩柳總嫩柳社

奉究原册敍該省咨敍：黎昕，故黎縣丞。黎末之亂，僞西岳回至義安留駐，昕捐貲募丁夫，往縣轄冰山遮路截擊，唱爲勤王之師。僞兵探獲口號，因爲所敗。再募勇士與親兄清化鎮守黎常，屢立戰功，得署京北鎮守。戊申年，黎帝出奔，遣阮輝宿、黎侗等，如清求援，清命孫士毅提兵赴援，六戰皆捷。後僞西再來，昕與阮曰肇、黎文張、黎貴適等，會清師戰于平望，清師敗績，黎出帝與士毅俱北。庚戌年至燕京，諸臣陸續繼至，昕與從亡諸臣范如松等十人，歃血爲誓，具表請兵，以圖後舉。清人牽遲不許，昕忠憤激烈，出不遜言，爲閣臣和紳(珅)所恨，乃使夸蘭大詐誘至印房鎖，發奉天安置。昕居奉天十六年，以醫道濟人，名聞上國，對劉太守以女妻之。嘉隆三年，清許諸臣回國，昕至昇龍城發病卒，因附葬于黎帝磐石陵側。劉氏不復北歸，終身守節。再查黎史補編：其從亡事狀，略依。又查盛京遺回清册有名，究之，黎昕確係節義等語。玆臣等詳查，亦依。

黃益曉

高平省重慶府上琅縣凌煙總登愸社

奉究原册敍該省咨敍：益曉，前黎藩臣支派授衞一校正首校。昭統二年，僞西兵至，黎出帝往駐北省，黎國母、元子，逸跡于北省耕耨處，盆曉募得義士五百名，就迎黎國母、元子，經由太原回高平。僞西追逼，俱投入清。迨援兵得勝，黎帝敕授廸郡公。己酉年，黎兵失利，盆曉與子盆詩挈眷護黎國母、元子入清，後安揷盆曉父子于伊犂。至嘉隆三年，清許從亡諸臣回國，盆曉自伊犂返回，乞回本貫養病，欽蒙準許全家錢米資活十年。盆曉病故於十一年，蒙準許其子盆詩管知河隍、古芳、景山、調琅四社。再查黎史補編事狀略依。又查伊犂遣回清册有名，究之，黃義曉確係節義等語。兹臣等詳查，亦依。

黎允値

北寧省順安府超類縣大卯總大卯社中村

奉究原册敍該省咨敍：允値，乃黎倜堂弟，仕至都督指揮使。己酉年，僞西兵至，黎出帝北轅，與倜如清求援，清人迫以薙髮授官，終不肯屈，俱被監禁。嘉隆三年，清許諸臣回國，値得存髮以歸，後終于家。再查黎史補編，事狀略依。又查燕京遣回清册有名，究之，黎允値確係節義等語。兹臣等詳查，亦依。

阮廷錦

舊左從糸，右從帛。河內省懷德府慈廉縣香粳社

奉究原册敍黎史補編內載：廷錦於己酉年從黎出帝如清，後黎帝揀諸臣范如松及廷錦等十人，歃血爲誓，具表請兵，却爲閣臣和紳(坤)所害。旣止援兵，又發送三百里外安置。又查燕京遣回清册有名，經奉咨查，嗣據覆敍，該社村開〔稱〕有，無詳識，且如阮廷錦此次從亡，事屬經久，致原貫無有詳知，第查史編並清回册事狀屬確，阮廷錦究係節義等語。玆臣等詳查，亦依。

黎貴適

清化省紹化府安定縣同滂社

奉究原册敍黎史補編載：貴適仕黎，官至掌四寶。已酉年從黎出帝如清，後黎帝揀諸臣范如松及貴適等十人，歃血爲誓，具表請兵，却爲閣臣和紳(坤)所害，旣止援兵，又發送三百里外安置。又查燕京遣回清册有名，經奉咨查。嗣接覆敍，社村開稱有，無詳識，且如貴適此次從亡，事屬經久，致原貫無有詳知，第查史編並清回册事狀屬確，黎貴適究係節義等語。玆臣等詳查，亦依。

譚愼廠

北寧省慈山府東岸縣義立總香墨社

奉究原册敍該省咨敍：愼廠，故黎進士譚愼徽之後裔。黎末，僞西竊據，黎出帝北奔，及清兵來援，自率義兵嚮導抗僞于珥河津次，敗績。黎出帝北轅，從亡入清。嘉隆三年，與故黎諸臣奉黎帝櫬回國。十四年，欽蒙恩賞錢五十貫，粟五十斛。壽終于家。再查之燕京遣回清册有名，究之，譚愼廠確係節義等語。玆臣等詳查，亦依。

阮雄忠

南定省建昌府舒池縣平安社

奉究原册敍該省咨敍：雄忠，無前事黎所授官爵，日久不詳。及黎出帝北轅，雄忠扈從。嘉隆三年，與從亡諸臣奉黎出帝櫬回國，十四年，欽蒙恩賜錢米，以資養貼。再查之燕京遣回清册有名，究之，阮雄忠確係節義等語。玆臣等詳查，亦依。

阮仲瑜

南定省建昌府
舒池縣厚載社

奉究原册敍該省咨敍：仲瑜，故黎武尉。及黎出帝北轅，仲瑜扈從。嘉隆三年，與從亡諸臣奉黎出帝櫬回國，十四年，欽蒙恩賜錢米，以資養貼。再查燕京遺回清册有名，究之，阮仲瑜確係節義等語。玆臣等詳查，亦依。

黎松

河內省懷德府
慈廉縣西就社

黎式

清化省河中府
弘化縣荅棣社

奉究原册敍黎史補編內載：黎松、黎式，已酉年從黎出帝如清，後黎出帝揀諸臣范如松及黎松、黎式等十人，歃血爲誓，具表請兵，却爲閣臣和紳(坤)所害。既止援兵，又發送三百里外安置。經奉咨查，嗣據覆敍，社村開稱有，無詳識。再查在清遺回册，亦無明敍。其已死，只敍棺柩若干具，並無明著姓名。或者前次已終于清，以致原貫無有詳知，玆據史編所敍，事狀屬確，黎松、黎式究係節義等語。玆臣等詳查，亦依。

黎仲瑺

河內省常信府上福縣河洄總平望社

奉究原册敍該省咨敍：仲瑺，故黎進士，仕至京北鎮左參政使。丙午年，僞西兵至，招降不從。及僞兵襲破鎮營，乃潛與淀武侯陳光珠同謀起義。賊偵知，遣兵襲破擊，與其子廷定俱被擒。賊復誘使降，終不肯屈，遂死。子廷定亦殉難。再查後黎節義錄：丙午年間，僞西兵至，仲瑺亡匿仙遊懷抱間，潛與淀武侯陳光珠舉義，不克，死之。究之，黎仲瑺確係節義等語。玆臣等詳查，亦依。

范如松

南定省建昌府舒池縣安老社

奉究原册敍該省咨敍：范如松，景興年間，以府庠生入侍東宮，寵遇日隆。尋以親老，乞回終養。昭統元年，宣召抵京，賜爵近光侯。嘗從征伐，所至克捷，遷侍中職。尋授提領，正四城軍務，管山西鎮守，遙領宣光、興化等鎮，協理兵部、戶部，參預朝政。僞西兵至，奉命乞師于清。及清兵潰敗，扈從黎帝北奔。嘉隆三年，奉黎出帝櫬回國寧厝，事清，乞歸敎學。十四年，欽蒙恩賜糧米五十方，銀九錠，以資養貼。明命五年，壽終于家等語。再查黎史補編：已酉年正月日，黎帝會清孫士毅于軍次，黃益曉（高平父道廸郡公）、黎昕（南塘嫩柳人，署北鎮。）、阮國棟（良才琵琶人，外戚。）、范如松（山南舒池人，提領四城。）、阮曰肇（南塘青泉人，副提領。）、范陳善（山南瓊瑰人，協理兵部。）、黎文張（南塘義同人，署公象。）、黎貴適（清化同芳人，掌四實。）等八人扈從。西山進逼，士毅拔壘北渡河走，黎帝匹馬與士毅皆北，獨曰肇執靮以從。益曉等馳歸，殿扈黎太后抱黎元子接濟。黎帝至南關，諸臣陸續並至。清命閣臣福康安料理安南事。後康安受僞西重賂，表請清帝納西山使，旨召黎帝入朝。庚戌年五月日，黎帝至燕京，國人後入者亦續至。時清帝幸熱河宮避暑，來早進發。黎帝命諸臣預草請兵表，因鑲黃旗都統金簡請見，邀駕伏拜，但見通言報云：「有旨褒賞。」迨歸營，則簡奉清帝旨，授黎帝世襲佐領三品冠服。黎帝無可奈何，受之。十月日，黎帝以清人不可恃，遂定計與諸臣范如松、黃益曉、黎昕、阮國棟、阮曰肇、黎文張、黎貴適、阮廷錦（慈廉香粳人。）、黎松（西就人。）、黎式（清化荅棣人。）等十人，歃血爲誓，具表請兵。如不允，願得宣光、太原二州地，歸奉尊祀；或潛回廣河，謀圖興復，決不偷生北地。伏庭固請，事有不測，死生以之。乃先就金簡知會，簡不納。相與出門，伏地大呼。簡不得已，邀入款茶，云：「且歸館，待有商量。」十一月，有夸蘭大，（猶本國書記。）三人來報云：「簡已奉旨許王欽州地，來年春澳花開，歸去未晚。」辛亥年三月，夸蘭大復來邀黎帝及諸臣就印房，款茶菓訖，復歸。不料爲閣臣和紳所害，既止援兵，又欲分背國人，以息聲口。四月二十日，夸蘭大復馳馬來曰：「奉旨許王宣光州歸住，促從者幹辦等員，冠服入謝。」諸臣從夸蘭大至印房，清人令鐵鎖鎖住，發牛車，送三百里外安置。二十一日，黃益曉送伊犁，黎昕送奉天，范如松送黑龍江，阮國棟送吉林，阮曰肇、黎文張送熱河、張家口，餘范陳善、丁迓衡留侍黎帝于燕京。壬子年五月二十日，黎元子以痘疹卒，黎帝由此不豫。癸丑九月，諸臣在編置者，各有表請安，黎帝各回旨慰勞之。時范如松已死，家童黎輝旺侍黎帝疾有功，黎帝義之，養爲養子，賜名維康，命奉香火。據此補編所載，則范如松已終于內地，較與省咨「如松乞歸教學」一款，頗屬差異。經再咨查，該省覆敍：范如松現於嘉隆三年自清返回，乞回教學。明命五年三月二十一日壽終，現有墳墓在伊社地分，石碑刻云：「故黎參督范公之墓」等字；仍奉查之燕京遣回清冊，惟敍該家僮黎輝旺一名，而范如松姓名沒見敍及。且如范如松此次或死于內地，或壽終于家，史載省咨雖屬不一，第究之，從亡事狀，確鑿可據，范如松確係節義等語。玆臣等詳查，亦依。

康世昌校點

人物志

人物誌　出版說明

本書不署撰者姓氏，故年代亦失考。其五陳司業朱文貞先生行狀已附錄紹治五年葉春暄所作之樵隱先生錄序，則是書當編於紹治五年（一八四五）之後。可能成於十九世紀末愛國志士之手。時越南國勢衰弱，淪爲法國殖民地，有志者借此以喚醒民心者乎？此書編錄越南歷代人物二十六人，大都屬歷史人物，偶有傳說人物如李翁仲者。短則數十字，錄其簡歷；長則數千言，記其行狀，兼錄詩文及有關作品。採摭繁富，除史書外，又兼及家譜、文集、傳說等，甚有保存文獻之功。其中〔二〇〕太宰梅郡公錄，附入馮克寬於光興二十年（一五九七）明歲貢並求封時，因逢萬曆二十五年萬壽節所作賀詩三十一首，又錄入同時在北京朝鮮國史李睟光爲馮氏梅南毅齋詩集所作序。此爲兩國間文化交流之重要資料，甚可寶也。此書有註，於史料或作補充，或爲訂正，估計出自編者之手，甚有參考價值。

依目前著錄，此書只存抄本一種，前爲遠東學院所收，編號A573，現藏河內漢喃研究所，法國遠東學院藏有微捲，本書即據微捲翻錄、整理。原本抄錄工整，每半葉九行，行二十字上下，全書計百三十五葉。因無它本參考，惟據抄本錄入，加標點，改正錯別字，未能作全面校勘，識者諒之。

人物誌

李翁仲

公慈廉瑞香人，有文武材畧，高二丈，大十尺，生雄王末，知雄王不能守國，乃入秦，客咸陽，擢秦孝廉科，調校尉，出鎮臨洮，擊退胡虜，匈奴驚駭，以為神，不敢近塞，後以年老乞骸骨歸本國，胡復擾邊，始皇思之，遣人来召公，至則公已死矣，始皇乃鑄銅為像，高十丈餘，手執春秋傳，鎮司馬門，北胡望之以為公猶生，不敢犯塞，民追慕功德，立祠祀焉，歷

書影

朝荣封上等福神、秩在祀典、公稔著靈應、元人犯我邊、鄧、陳。帝命將討之、夜夢公顯靈、護國討賊、元人果不戰而潰、後人有詩云、文武全才世所尊、秦時倉力贊乾坤、龍樓鳳閣阿房助、虎旅熊威沙漠屯、銅像金人遺遠塞、戎兒胡婦敢窺門、永康一夜談經夢、千載英雄儼若存、

唐太。宗時、都護趙昌經略南州、舟過慈康永康津、夜夢公憑竹杖、坐省春秋左傳、與昌談兵事、因問昌長城猶是秦否、昌答曰、秦已為漢、漢已為晉、晉已為隋、歷六百年

人物誌

【一】李翁仲

公慈廉瑞香人，有文武材略，高二丈，大十尺。生雄王末，知雄王不能守國，乃入秦客咸陽。擢秦孝廉科，調校尉，出鎮臨洮，擊退胡虜，匈奴驚駭以爲神，不敢近塞。後以年老乞骸骨歸本國。胡復擾邊，始皇思之，遣人來召公，至則公已死矣。始皇乃鑄銅爲像，高十丈餘，手執春秋傳，鎮司馬門。北胡望之，以爲公猶生，不敢犯京。民追感功德，立祠祀焉。歷朝榮封上等福神，秩在祀典。公稔著靈應，元人犯我邊鄙，陳帝命將討之。夜夢公顯靈，護國討賊，元人果不戰而潰。後人有詩云：

文武全才世所尊，秦時奮力贊乾坤。龍樓鳳閣阿房助，虎旅熊威沙漠屯。銅像金人遺遠塞，戎兒胡婦敢窺門？永康一夜談經夢，千載英雄儼若存。

唐太宗時，都護趙昌經略南州。舟過慈廉永康津，夜夢公憑竹杖，坐看春秋左傳，與昌談兵事。因問昌：「長城猶是秦否？」昌答曰：「秦已爲漢、漢已爲晉、晉已爲隋，歷六百年又爲唐。」夢覺，昌訪民間，乃備禮致敬而去。

史有詩云：

文武全才大丈夫，咸陽遺像懾群胡。神威一助元兵散，血食南天壯帝圖。

【二】姜丞相 字公輔

公愛州山僕社人。高才敏識，擢唐進士第異等，補校書郎，轉左拾遺，又爲翰林學士。每進見，敷奏詳允，德尊甚器之。嘗勸上早誅朱泚，上不從，（後泚反，駕幸奉天。）留泚京師，而命張鎰代鎮鳳翔。俄而京師亂，帝自苑門出。公當前叩馬曰：「泚嘗帥京師涇、原，得衆心，宜馳騎捕取以從，無爲群兇得之。」上不聽。既行，欲駐鳳翔，公諫曰：「鎰雖信臣，文士也，所領皆泚部曲，泚若僭立，軍必有變，臣尚憂鎰且不免，況乘輿豈徑入虎口？」帝亦記桑茂道言，遂之奉天。不數日，鳳翔果亂，殺鎰。

上在奉天，有言泚反，盧杞以百口保之。帝命諸道勤王，將趨奉天者，距城一舍而止。公言於上曰：「王者不嚴武衞，無以重威，今禁旅單少，而士馬在外，竊爲陛下危之，泚若竭誠奉迎，何憚兵多。如或不然，有備無患。」上善其言，悉納諸軍，泚兵果至如所料。於是擢諫議大夫同中書門下平章事。

陸贄草制有云：「主文而諫，忠靡後言；經始以謀，事皆前定；道無屈撓，智適變通。可以參贊大猷，光膺僉屬。」及唐安公主薨，詔令厚葬，公以軍興爲諫。帝怒其買直，贄再三護解不獲，遂貶爲左庶子。贄草制有云：「居易勵修身之操，見危着從戎之勤，自陟台司，累疏陳乞，忌滿思退，持盈守謙。」時公以忤旨見貶，而贄以謙退爲制文，其見愛護如此。後以母喪解職。

及贄爲相，請復公，上不悅。順宗卽位，拜吉州刺史，未之官，卒。憲宗時，贈禮部尚書，賜錢物歸葬。

黎景興年間，海郡公范廷重統領清、義等道，經過安定縣山僕社華捄村，見耆老指公生時故宅，卽奏于朝，立祠祀之。又臨拜其墓，有祭文云：

南岳降神，北朝當揆；正氣凛然，高山仰止。

尙書黎有喬敬撰對句云：

機先揆度，真寶鑑元龜，一時英傑竟何如？卽李鄴侯陸宣公，亦推上智；

分外行藏，總虛舟飄瓦，萬古英靈應不朽，視張九江韓京兆，罔間前修。

又云：

人才何地不生，惟上所用；忠義自天是付，行我之安。

公弟公復，亦登進士，仕至禮部尙書。

【三】懷道王阮嫩（姓阮名嫩）

公儒遊扶明社人，幼有雋才，善屬文。年十七八，閑（嫻）熟經史。年二十，領鄉解。頗知時務，不求聲名。居建初寺，聚徒講學，樂從之者衆。王素有大志，而人不識也。嘗謂門弟曰：「君子之學，以博古論今爲務，以安人利物爲心。」

及李昭皇時，盜賊蜂起，因而起兵，與陳抗衡，人多歸之，珥河之北，皆其號令，奄有我國十分之五。

後陳太宗登極，志欲混一，然每動輒敗，久之不得已，乃許和親，中分南越，以長公主妻之，封爲懷道王。尋卽帝位，自稱章武皇帝，改元太和。沒後社人追思功德，立祠祀焉。歷朝封爲福神。

【四】莫狀元

公姓莫，名挺之，字節夫，至靈瀧洞人。（史記，作旁河社人。）祖顯績，登李仁宗丙寅科舉太學生（即今進士及第）第一名，仕至吏部尙書，賜金魚袋。所居邑環山，陵阜葺翳，猿猴多居之。其母嘗往刈薪，爲雄猴所脅，歸語其父。父遂服婦人衣，懷刀往焉。猴狃故態，父提刀擊殺而歸。晨往視之，見土蟲已將猴屍培成一墳。父異之，卽卜藏於猴墳之上。母有娠，期年生公，名挺之，姿相卑陋，人皆以爲猴精之驗。及長，聰穎絕倫，讀書十行俱下。

時皇子昭國王益稷，開學場講習，公往受業，文詞擅名，同時莫不驚服。旣冠，登英宗甲辰狀元，入謝，帝嫌其顏貌醜陋，莫挺之乃作玉井蓮賦以自況。（詳見皇越文選。）英宗覽而嘉之，遷太學火勇首，充內書家。隆興年間，北使，元人鄙其卑小，一日，宰相召入府，令與諸司俱坐，有簿帳繡黃雀棲在竹枝上，挺之以爲生黃雀，趨捕之，元人大笑，卽曳裂其帳，衆怪問之，卽應曰：「古有梅雀畫，未聞有竹雀畫，今宰相帳裡，何乃刺竹雀耶。夫竹，君子也，雀，小人也，以小人加君子之上，恐小人道長，君子道消。故爲當朝除之。」擧坐嘆服。

及進朝，適外國進扇，有旨命我國使與高麗使贊之。挺之題詞曰：「蘊隆蟲蟲，伊尹周公。多寒淒淒，伯夷叔齊。（此疑是高麗使題）噫，用之則行，舍之則藏，惟我與爾有是夫。」（一云：爾於夏日兮，伊周巨儒。爾於冬日兮，夷齊餓夫。噫，用則行，舍則藏，惟我與爾有是夫。）旣進覽，元帝嘉奬其才能，且欲試其學力。時元主少女早殤，襄事日會祭，令公讀祝文，至行禮時，只見板上有四「一」字，公遂朗聲讀之云：

天上一朶雲，爐中一點雪。閬苑一枝花，長安一片月。噫，雲散雪消，花殘月缺。慘切兮慘切。

元人不覺驚異，事清還國。人皆讓其才。

公爲人廉介，居官清白，己貴而家嘗苦之。陳明宗使人將錢百緡，暮置諸其門而去，次日公入朝，卽以問。帝曰：「錢無主，任卿取之。」憲宗朝加入內行遣左司郎中，官至左僕射卒。挺之貴而貧，歷事三朝，皆以清操見稱。始在北，元人奇其材，而察其相貌無可貴者，以爲才全德不形。後自使北還，有北人隨往本國，爲察先墳風水，所至皆不許可，及至猴墳，始嘖嘖稱嘆，以爲發福地。

子侃直官至員外郎。孫廸、邃、遠皆有材力。遭胡氏篡國，心以先世事陳，銳志報仇，會明帝遣張輔等討胡，軍次富浪江北岸，胡氏悉國中老幼，列柵固守，明人不敢渡江。邃自南萊降明，備言其故。明人始渡兵進攻，所向克捷，因以爲向道，獲漢倉及其子芮於高望山。張輔嘉其功，授兄弟以官，邃參政使、廸指揮使、遠鹽鐵使，皆貴顯。

及太祖黎興，邃子孫移居宜陽古齋，生莫登庸（卽挺之七世孫）。莫旣僭國，追封爲武感靈愛大王，夫人爲慈正公主，以瀧洞所居故址，爲崇德殿。父墳爲陵，江北岸爲築巨堆爲拜位焉。册曰：

瀧洞狀元，蓮生玉井。貌比晏嬰，才侔富鄭。咀嚼英華，馳芳北省。驅雀還梅，氈裘起敬。使乎使乎，不辱君命。

附應制玉井蓮賦：

韓愈詩「太華峯頭玉井蓮，花開十丈藕如船。冷比雪霜甘比蜜，一片入口沉疴痊。」

客有隱几高齋，夏日正午，臨碧水之清池，詠芙蓉之樂府。（樂府有芙蓉曲）忽有人焉，野其服，黃其冠，（道士黃尉）迥出塵之仙骨，凜辟穀之癯顏。問之何來，曰：「從華山。」迺授之几，迺使之坐，破東陵之瓜，（東陵邵平種瓜長安城東，有五色美。）薦瑤池之菓，（瑤池王母所居，母以桃與武帝。）載言之琅，載杖之瑳。既而客曰：「子非愛蓮之君子耶？（周子愛蓮說❶：蓮，花之君子也。）我有異種，藏之袖間。非桃李之麤俗，（古詩：「桃李滿山總麤俗」。）非梅竹之孤寒。非僧房之枸杞，（劉禹錫楚枸杞詩：「僧房藥樹依寒井。」）非洛土之牡丹。（洛陽牡丹爲天下第一）非陶令東籬之菊，（陶詩：「采菊東籬下。」）非靈均九畹之蘭。（屈原離騷：「既滋蘭之九畹」。）乃泰華峯頭，玉井之蓮。」客曰：「異哉，豈所謂藕如船兮花十丈，冷比霜兮甘比蜜也耶。昔聞其名，今得其實。」道士欣然，乃袖中出。客一見之，中心鬱鬱，乃拂十樣之牋，（韓浦詩：「十樣蠻牋出益州」。）泚五色之筆，（江淹夢人與五色筆，文章大進。）以為歌曰：「架水晶兮為宮，鑿琉璃兮為戶。（楊誠齋玉井亭荷花詩：「渠仙初出沒，照日穉猶怯，館之水晶宮，環以琉璃堞。」）碎玻璃兮為泥，灑明珠兮為露。香馥郁兮層霄，帝聞風兮汝慕。桂子冷兮無香，素娥紛兮汝妬。採瑤草兮芳洲，望美人兮湘浦。（楚辭有湘妃、湘夫人。）蹇（助語辭）何為兮中流，盍將返兮故宇。豈護（音戶）落兮無容，（莊子：「五石之瓢，落而爲瓠，則護落無所容。」護落猶言郭落。）嘆嬋娟兮多誤。苟予柄之不阿，（荷莖、張文瓚詩：「平池碧玉秋波瑩，綠雲擁扇青搓柄。水宮仙子鬪紅粧，步步淩波踏明鏡。」）果何傷乎風雨。恐芳紅兮搖落，美人來兮歲暮。」道士聞而嘆曰：「子何為哀且怨也，獨不見鳳凰池上之紫薇，（唐政中書省曰：紫薇省，省中植紫薇，取其久。唐詩：「紫薇花對紫薇郎」。）白玉堂前之紅葉，（謝玄暉直中書省詩：「紅藥當階翻，蒼苔依砌上。」）夐地位之清高，謫聲名之昭灼。彼皆見貴於聖明之朝，子獨何之乎騷人之國。（國字疑未叶韻）」於是有感斯言，起敬起慕，哦誠齋亭上之詩，賡昌黎峯頭之句，叫閶闔以披心，敬獻玉井蓮之賦。（此賦公爭魁時作也，時帝以公姿貌淺陋，不欲與公狀元，故賦此以見志云。）

【五】陳司業朱文貞先生行狀

先生姓朱諱安。陳時清潭（縣名，今改青池，屬河內之常信府。）光烈（社名）文村人。性剛介，清修苦節，不求利達。好讀書，學業精勤，夫要以明聖道、闢邪說爲務。所著有四書說約，其書不傳，而平生蘊積，至今猶可罔象也。村與龔黃接壤，（龔黃，社名）乃於潭上大阜，築書室，前臨潭水，有風浴泳歸之致。講學授徒，士有百里而至者，成就甚衆，往往登政府者，范師孟、黎伯适已爲行譴（卽平章宰相之職），亦各執弟子禮，時拜問床下，得與片談甚喜。有不善，輒呵叱不納，其師道尊嚴如此。黎子、范子門人之最顯者，皆能斥佛氏、觸怪奇。以廣先生之教。（黎伯适有北江紹福寺記略云：「佛氏之禍福動人，何其入人心之深且固也，不令而從，不盟而信，有人家處，必有佛寺，其興起甚易，而尊崇甚大也。余少讀書，志於古今，亦粗明聖人之道，以化斯民，而卒其未能見信於一鄉，嘗遊覽山川，足跡半天下，求所謂學宮文廟者，未嘗一見，此吾所以深有愧於佛氏之徒遠矣，吾輒以書」。范師孟題佛跡山寺，有「徐氏怪奇休說着」之句，蓋指徐道行禪師托胎幻化之事爲虛妄也）。

明皇開泰年間，先生以道學模楷，徵拜國子司業，授太子經。迨裕皇大治中，逆豫怠政，權臣多不法，先生諫不聽，乃上疏乞斬佞臣七人，皆權幸者，（時號七斬疏）疏入寢不報，遂掛冠歸回里，因東遊抵至靈（縣名）愛傑（社名）山水之勝，（此山七十二峯盤蔚幽雅，左曰麒麟山，右曰鳳凰山，鳳山嶺有甘泉湧出成壑，掛山而下，山腰水匯處，名鷲池，佳美可酌，又迴遶于山之麓。）乃于麟山、鳳山間，築室居之，自號樵隱。每徜徉鷲池、清涼江，吟咏自適，頗寓己意，有大朝會則赴闕。裕皇嘗欲委以政事，辭不拜。憲慈太皇太后曰：「清修之士，天子不得而臣，安得以政事委之耶」。帝乃遣內臣賚衣服賜之。拜謝訖，輒以與人，天下咸高其風。

裕皇崩，楊日禮僭位，陳統將絕，及聞藝皇復國，大喜，杖策上謁，不受封拜，復乞還山，帝厚禮以送。未幾，壽終于家。藝皇命官諭祭，賜諡文貞公，復賜號康節先生，以況邵子，詔從祀文廟右廡，列之先儒，自陳迄黎仍之，僞西時始罷。

皇朝明命十八年丁酉，禮部議定文廟祀典。再奉準定從祀左廡，位列元儒趙子復之次，陳、黎諸儒先莫得此焉。先生之裔，世守書業。曾孫廷寶登黎洪德十五年甲辰科、第三甲、同進士出身。奉北還，尋卒。嗣後未有聞者。其鳳凰居隱室，則黎季海陽憲察使北江進士黎惟亶以時宰裴存庵之意，訪求其處得之，立石刻「朱文貞先生隱居處」八字，示傳後也。紹治辛丑愛州阮保承乏海陽按察使，因商謀募貨（貲），卽其故址，建祠奉之，寓景行也。而龔黃書室故處，則青池建祠奉之，黎以來不廢也。其屬義典（社名）於景興末，亦設鄉祀奉先生專祀，裴存庵爲撰碑文云：「謹狀時紹治元年辛丑重陽節，後學中順大夫海陽按察使九眞靖山阮保定甫薰沐拜述于廳堂之東軒。」

樵隱先生錄序

我越儒先從祀於文廟，自陳迄黎，至于今不廢者，惟先生一人而已，而史籍缺略，事狀僅存大概，其所著四書說約及乞斬權倖疏俱不傳。嗟夫！千百年文獻之邦，得一人如先生，而寥寥若是，深可慨也。況乎生爲越士，而不知先生爲何如人，當何朝代，豈不甚可鄙耶？遂謹集舊史遺記，附以近所見聞，別爲錄，庶哉有所瞻仰，且以告其子弟，公諸同好，以無忘儒(先)先(儒)之卓焉耳。其於垂世，敢云乎哉。紹治五年後學戊戌科副榜吏部掌印給事中葉春暄謹書。

附錄

光烈邑人。相傳先生授徒時，從遊者多，有一生每旦輒詣聽講。先生心嘉其勤，而不知其爲何許人，因令詞(伺)其歸，則至龔黃潭輒沒跡，乃知其爲水神也。會太旱，講罷，召諸生謂曰：「水旱爲災，天數誠不敢有知，惟目擊方民焦熬，能無動情。生當爲我救此數邑之命。」其人重違師命，乃磨濃墨於庭，和水灑之，須臾，果大雨，卽辭去。明日有一巨鱉死浮潭上，先生哭之慟，爲之收葬，墓今存，蓋人皆以爲先生道德感神之驗云。嗟夫！怪隱之事，聖人所不道也，姑且存焉耳。

朱文貞先生行狀說

朱先生，越甸儒宗也。平生文行，其可傳述昭昭矣。保讀史至先生，未嘗不低徊戀仰，若有動于中而又嘆史筆之略，徒使人有曾賢言論，而不獲多見之恨也。昔唐處士李渤，其於出處進退之際，固曰無疵，而未有凜然動人之節，唐史書之，其初隱于匡廬，三徵不起，中而遷東都，繼而仕，□(已)而謝歸。前後提起不厭，遂使平生事狀，歷歷可考。此非君子善善，長與人爲善之意耶？況我朱先生處則成就後學，以衞翼正道，闢邪拒詖爲教；出則抗顏人師，虎圍增重，而其忠愛之誠，發於七斬疏，將以郭清當道，整頓皇綱，自非大過人，誰能及此。其正學純行、忠肝義膽之致，視李拾遺爲何如耶？夫人恨無可傳耳，苟有可傳，吾烏得而略之，安有如此第一流人，而記載之詳核，反不及唐史之什一也歟！

彼其就徵上疏，掛冠授徒，但於卒年總書大略，不曾特書大書，以見發揚德光之義。至於七斬疏文，不錄隻字；四書說約，靡存片紙；生卒年月，並無可考；豈非因仍闕略之過歟！裴相公存庵於我國諸儒賢與其文字，每存述而推崇之，蓋有不忘先進之思。於先生詩，旣謹而錄之，迄今傳播。至其自爲文典祀記，則曰：「學者之希賢而入聖者，微先生其誰歸？」嗚呼！富哉言乎！其所以表顯前修，勉進來學，一何至耶。是故北江黎進士之海陽，卽囑令訪求先生隱處，立石題誌，若是其捲捲不舍者，意有在矣。夫豈以同地之故，而阿其所好乎！保幸逢時，來守此土，得親覩其所謂鳳山鰲池者，俯拾書帶，仰睇晴雲，平日樂聞而心慕者，一協所願矣。輒不自揣，旣商謀募貨(貲)，就故址建祠奉之，非曰能尊先生也，夫亦推效白鹿故事，一以遂其疇昔向往之私，一以無忘裴故相之遺意焉耳。又竊以先生行狀，略見於史，誠曰不朽，然苟裁以史家義例，當爲先生立傳無疑矣，旣不能是，則別爲先生行狀一編，斷斷乎無可闕於今日者，而安知非有當於裴先輩，所以俟我後人之一片深衷者耶？於是，以陳史爲正，旁採諸家議論爲輔，輯成先生行狀爲第一册；次錄先生詩爲第二册；又次錄祠所工役圖本，及祠祀條約爲第四(三)册。庶幾同方君子，披閱是編，可得先生文行之梗概，與後人追崇仰慕之誠，尚不以逾妄見罪，先生生卒年月，另俟博考。至如七疏斬文，四書說約，皆大義所在，及平日教人懿行格言，意其多可傳者，則所謂正如神物所在，自有鬼神呵護，保知其晦顯以時，必有得之故家笥壁，復播人間，與此山遺宇並傳窮壤，不終糜絕于沉烟斷棘中矣。至若所傳鰲神聽講之事，則有類於釋家龍聽法，石點頭之誕，畢竟因鰲池之名，附會爲是，削之，庶無偭於先生平昔論道教人之旨云。紹治元年辛丑重陽節。

中順大夫海陽按察使九眞靖山阮保定甫謹書。

朱文貞先生詩集

先生著書立言，與其章疏詩文，後世已無可考。至黎景興中，延河桂堂先生黎公貴惇，編輯越詩，始備載先生事狀，及所著古詩體一首，近體十首。近者盛烈存庵先生裴公輝璧復約之，編爲越音詩選，梓行于世。雖所存僅十一首，而讀其詩，亦可想見其人也。今謹按先生詩登錄如左。

惇字允厚，延河縣人，中榜眼。

題朗公水花亭（古體一首，五言十韻。朗公未詳，姑俟考。）

上人遠公裔，朗悟有高識。屢結白社盟，為愛青蓮色。方塘貯碧猗，環以芙蓉植；上構水花亭，意與蓮比德。好風時一來，滿座聞香馥；隱遊觀衆妙，悠然心自得；不知清淨身，已在荷花側。明月相友朋，閒雲同偃息。渴傾珠露飲，飢摘玉房食。回頭謝世紛，逍遙遊八極。

近體十首七律五首❷

江亭作以下諸詩，竊意皆掛冠以後所作。

江亭獨立數歸舟，風急灘前一笛秋。斜日吟殘紅淡淡，暮天望❸斷碧悠悠。功名已落荒唐夢，湖海聊為汗漫遊。自去自來渾不管，滄浪萬頃羨飛鷗。

（淮南子：「若上聳身立，身爲汗漫遊。」）

春日

寂寞山家鎮日閒，竹扉斜隱辟（避）輕寒。碧迷雲色天如醉，紅濕花梢露未乾。身與孤雲長戀袖（岫），心同古井不生瀾。栢薰半冷茶煙歇，棲鳥一聲春夢殘。

初夏

山宇寥寥晝夢回，微涼一線起庭槐。燕尋古壘相將去，蟬咽新聲斷續來。點水溪蓮無俗態，出籬野笋不凡材。棲梧靜極還成懶，案上殘書風自開。

鶖池

（在鳳凰山腰，陳諸帝嘗來遊覽。）

月水橋邊弄夕暉，荷花荷葉靜相依。魚遠古沼龍何在，雲滿空山鶴不啼。老桂隨風香石徑，嫩苔著水沒松扉。寸心殊未如灰土，聞說先皇淚暗揮。

望泰陵

（陳英宗陵也。先王居陳之季世，而思陳之盛世，蓋有思西方美人之意云。）

松楸深鎖日將夕，烟草如芝迷亂石。黯淡千山風更愁，消沉萬古雲無迹。溪花欲落雨絲絲，野鳥不鳴山寂寂。幾度躊躇行復行，平蕪無盡春生碧。

七言絶四首❹

恭和御製洞章（洞章未詳，姑俟考。）

庭舞胎□禽雲開，露花宴罷覺寛閑。碧桃花下渾無事，時倩東風掃石壇。

村南小憇

閑身南北片雲輕，半枕清風世外情。佛界清幽塵界遠，庭前噴血一鶯鳴。

靈山雜興（雲山，至靈山也；鳳凰山亦是其一。）

萬里青山簇畫屏，斜陽倒掛半溪明。翠羅徑裏無人到，山鶴啼咽只一聲。

清涼江（清涼江，六須江之支流也。在荚山縣界接江，去鳳凰山里許。）

山腰一抹夕陽横，兩兩漁舟畔岸行。獨立清涼江上望，寒風颯颯嫩潮生。

五言一首

月夕步仙遊山松徑（東潮之瓊林，寺名仙遊山寺）

緩緩步松堤，孤村淡靄迷。潮廻江笛迥，天濶樹雲低。宿鳥翻清露，寒魚躍碧溪。吹笙何處去？寂寞故山西。

以下附錄詩讚❺

陳司徒章甫侯陳公元旦賀先生徵拜司業

學海迴瀾俗再淳，上庠山斗得斯人。窮經博史工夫大，敬老崇儒政化新。布襪芒靴歸後日，青顏白髮浴沂春。華勛只是垂衣治，爭得巢由作內臣。

陳公元旦再贈

黼冕桓圭心已灰，風霜安敢閉寒梅。白雲萬疊山扉掩，紫陌多岐我馬隤。蕙帳勿猜孤鶴怨，蒲輪好為下民回。熙朝社稷天方祚，肯使先生老碧隈。

黎尚書鄧公鳴謙泳史讚（述先生）

七斬章成便掛冠，至靈終老有餘閒。清風苦節高千古，士望儼儼若泰山。

龔黃祠石香臺刻文（存庵裴相公謹撰）

恭惟□夫子，醇乎理學，進以禮，退以義，出其門者，卓然明聖道而闢邪說，遺風餘韻，雖百世猶親炙之。詩不云乎：「高山仰止，景行行止。」

山麓碑恭刻「朱文貞先生隱居處」八大字（附題後。）

我越醇儒，曰文貞朱先生，按陳史徵先生拜國子司業，授太子經。後上七斬疏不報，掛冠歸里，愛至靈山往居之，山所在不着。景興癸卯春，亶承乏海陽憲察使，晉謁行參從裴相公。公曰：「使君行部，於至靈之傑特社，訪文貞朱先生隱居處，刻石以誌之。」甲辰春，得其故居於山之麓，左麒麟，右鳳凰，七十二峯，遠近盤蔚，溪流徑其下，甘美可酌，悠悠然慨想先生之風，乃使人之東潮（縣名）討敬主山石爲碑，恭刻八大字，樹之處而述其槪如此。行參裴相公諱壁，登二甲進士，號存庵，清池盛烈人，與先生同縣云。後學賜乙未科第三甲同進士出身，海陽按察使北江香羅黎惟亶謹誌。

龔黃社祠碑記

公姓朱，字曰安，清潭人。仕陳朝，歷四世，時又隱居至靈山，死後贈文貞公，從祀文廟，此其別祠焉，俗傳昔公講壇之所。累朝榮加登秩，至今祀爲福神。舊有碑誌公事跡，但海籌堆疊，石篆刻平。玆奉祀鄉村，再祈撰述，後生忝預同縣，不敢以淺拙辭，謹拜手而序之。

夫所貴乎士君子者，篤學尙志，去就以義，而不苟於流俗云耳。尙論我越諸儒，惟公無愧焉，當公之俟命也，無心名祿，其行何高；肆力典墳，其學何正。尤有可揭者，師道極其尊嚴，弟子多所成就，斯文之澤，垂之無窮，公之功也。

開泰紀號，司業就徵，左右儲宮，範模士類，譽望何儼儼也；紹豐卽政，權倖用事，七斬一疏，衆佞寒心，忠義何凜凜也。言焉不悟，卽日掛冠，于彼靈山，囂然自適；委之政事弗顧也；

加之封拜不視也。蓋見幾旣哲，又肯以三旌（出莊子）易其介耶。嗚呼！聖賢世遠，非公自任，誰其學者泰山，廉耻風微，非公高尙，誰其士夫砥柱。謚曰文貞，非溢美也。千古從祀，夫孰間然，雖公之淸風，淸潭之水，其長湫也。

公之靈祠，至靈之山，其終峙也，百世之下，流芳不泯，初奚俟於竪石耶？然此數行鳥篆，勒諸堅珉，則于道德事業聲名氣節，尤爲顯著。俾目之者可慕可師，是崇是仰，一以激夫砥礪廉隅之行，一以洗夫黃澤梔蠟之風，若然斯石之立，其有開於世敎甚大矣，遂記。

後學賜乙未科，第三甲，同進士出身，義安道監察御史金鏤社阮公審書撰。

文典鄉祠碑記

宇宙間惟賴吾孔子之敎，而萬世人紀立，故其祠特盛於國朝與諸路，而鄉賢之祀，社則有之，鄉賢服先聖之敎者也。先聖不敢瀆，而尊祀鄉賢，卽所以溯於先聖也。吾縣文典社初甚少文學，而每歲春秋，隨便設先聖位敬祭焉。景興癸亥以後，數十年間，鄉試中三場者七，而貢於鄉掇仕籍者二，於是設祠於蘇瀝江之北，定以中正壇，敬祀文貞公朱先生。夫社不祭先聖，懼其褻固也，世之祀于社，其社之先儒耳，先生非文典社產也，顧以爲歸何哉？古者國若無先師，則祭鄰國之先師，況我朱先生爲越甸儒尊，而吾靑池之先輩也。先生致道篤行，不求聞道達，以正直立朝，進以禮、退以義，聞其風，則足以起痺靡。

世稱先生有四書說約，今其書不傳，然猶可以想見其學之所自得，抑門弟之傑然者。斥寺塔，觝怪奇，以袪世惑，則其平生爲敎，明聖道，闢異說，以作成一世之人才又可概見。學者之志於希賢而入聖者，微先生其誰歸？吾意文典事聖廟，其紳士嘗預周旋於籩豆之間，是宜有定識也。自斯道既南，國爲文獻之國，而有陳以前，除都城外，求所謂學宮文廟，未嘗一見，今不惟路府各有學，而一社民，亦知所從事如此。

明都之壤，其涵浸於聖化日深，不其盛歟！今多社鄉會議立碑記其事，請序於予，予謂井溫則陽生可知矣；草木萌動，則春煦可知矣。社故未有學，近世乃尊尙之，賢祠之祭未之及，曩始創之，迄成于今，此其爲儒風振起之象也歟！吾固意想文典之人文，將蔚然邑發自今也，雖然向道慕德，不詭說於文貞公之梗概。以俟夫晚生小子之能自振拔者出焉，此在今一二長老所當自厚。余同縣有往來隣近之義故久，輒語以此，蓋其區區一念，景行先哲之私，尙蘄相與共由於其途者矣。若曰擧以誨爾，則豈余之陋敢云乎哉。

同縣定功屋盛烈存庵居士裴壁希章甫拜撰。

鳳凰山祠碑記

前哲令德之人，爲民明質，必在祀典，古之道也。聖朝崇尚文廟，歷代諸儒之有德者，皆列左右。而有陳子朱子實與焉，煥乎韙哉。夫德之休明，不在顯晦，苟無偭於智仁勇之矩，民斯質矣。先生學粹而守約，砥節礪行，正議直辭。其爲道，用舍行藏，進退可度，懿乎其純，確乎其不可拔者也。初講學龔黃，開泰徵拜司業，陳相國章甫侯元旦喜曰：「上庠山斗，今有人矣。」

裕宗怠棄金鏡，珥貂用事，則奮然上七斬疏，竟不報，於是，知其言之不用也，道之不行也去小人之難也；陳則不競，終焉而已矣；相焉不可觀其危也；典焉不可視其毀也。遂引去。往廬鳳凰山，自號樵隱。淡然自適，以蜉蝣於塵埃之外，而心未嘗一日忘陳也；時有吟咏，微示己意，泰陵鸑池，慨然有哀郢之思；每大朝會則赴闕，與以政辭焉。

及藝宗復國，輒下山上謁，不受封拜而還。章甫侯贈之詩，冀其復出也。而明哲旁燭，好古篤志，倏然飭巾待期而已。卒賜諡文貞公，從祀文廟。文，德之表也；貞，德之正固也；論德誄跡，不亦宜乎。其所著有四書說約亡矣。而門人黎子伯适、范子師孟皆能守師說，排釋氏則猶聞其緒言云。嗚呼！進揚國是，退立士則，跡存乎蓬殳之間，使當寧之上，默其言而不能顯其身，捨其道而不能不嘉其德；非天下之智仁勇孰能之？使當時義士希其光附其景。

陳中贊裴夢華輩，皆以氣節自奮，此非謂聞其風，頑夫廉懦夫立者耶？豈惟是哉，使我之人，步遺塵而躡光路；以遊乎博約之際；又非謂天民之先知先覺覺後知後覺者耶？若然則登之有秩何替焉，抑我後生，讀其書如見其人，俯仰不忘于質，微先生而誰歟！

鳳山隱室沒久矣，近日北江黎憲察以時宰裴存庵之命，堅石立誌，于今存焉。松疎桂深，春煦秋陰，遙睇近臨，動魄竦心。於是海陽按察使愛州阮定甫官左式閭，仰止無斁，謀之同僚及所屬，卽其處，營建爲祠。閱六月成，祀器備悉，曰不敢後也，不敢陋也。將釁於是，無廢遺美，以對揚朝廷制祀表德之意。又以其格言懿行軼者多矣，乃購轄下所藏行狀書疏，及詩選之錄，而莫之有也，則依陳史爲正，諸說爲附，述行狀一册，若所傳詩集與諸贈詩論記，及祠圖第爲之册，併行狀說藏于祠，曰以無忘三篋，既則報書。曲江吳世榮令之記，用播刊石。

夫先生令德也，是祠起也。榮也陋，其何能述，顧惟景慕之思，不能自已，謹拜手爲記。且繫銘曰：

莫高非山，峩峩鳳凰；莫浚非淵，浩浩清涼。於維淑人，望古遙集；學成道尊，居屈義立。爵有屏貴，德無孤隣；明月共素，清風同貧。陳實靡基，後則是軌；休有烈光，報在典祀。言尋書帶，肇播椒堂；無忘令德，以道同行。翼翼山祀，風雲長護。建隆碣兮，載揚不朽。

附錄史論

陳史吳仕蓮（連）曰：「賢者用世，嘗患人君不行所學；人君任賢，常恐賢人不從所好。故君臣相遇，自古爲難。儒者見用於時，不爲不多，然而，有志於功名者，有志於富貴者，和光同塵者有之，持祿保身者有之，固未有志於道德，以致澤爲念者也。若蘇憲誠之於李，朱文貞之於陳，殆庶幾焉。然而憲誠遇君者也，所以正道見於世。若朱先生則異乎是，姑略言之：其事君也忠，其出處也正，造就人才，則公卿皆出其門，高風尚節，則天子不得而臣。況又儼儼氣象，而師道尊，稜稜聲氣，而佞人聳，千載之下，聞先生之風者，能不廉其頑而立其懦乎。謚曰文貞，非溢美也。苟不求其故，孰知斯謚之稱情也哉，宜乎爲我越大儒先，而從祀於文廟也。」

陳史吳時仕曰：「孔孟不生於文武成康，而生於春秋戰國；周、程、張、朱無一登相臣之位，而謹爲群小之所排。天非無意於世也，不專爲一時之利澤，而實爲萬世之名教。其所植立者遠，朱文貞公道學之純粹，節行之高尚，直不顧身，忠不忘君，雍容朝會，銖視爵祿，去就辭受，取予之正，我國所稱大儒者，古後一人。雖不獲究所蘊，以濟時艱，而優游田野，行止自適，時君敬信之，宰執尊重之，權奸雖含怒，亦惕息而不敢肆。蓋立懦廉頑，所關甚重，天之生賢，固欲以用世，而尤欲其持世之鉅且宏也。生乎先生之後，望至靈之山，挹顛黃之水，安得不高先生之風，而景仰慨慕也耶。謹按皇朝明命八年丁亥，禮部建議以爲本國文教，原自士王闡發，爲南邦文物之祖，且觀朱文公七斬之疏，義動乾坤，與夫成己成人，一出於正。其於本國名教，多有補益，歷朝皆崇祀之。玆士王奉列祀于歷代帝王廟，惟朱安未褒祀，查之黎祀典，經以該神位，從祀文廟，今請復祀朱安，列在元儒之次，(趙子復)於以褒顯我國文獻垂示將來，庶士林有所勉勵。奏上，交廷臣覆議，是年，南郊列廟，猶未修備，廷臣請俟部臣詳議郊廟禮樂，與文廟禮樂併議，從之。至十八年丁酉廷臣覆議，並依禮部所議，帝可其奏，於是先生復預從祀文廟。」

鳳凰山祠志略引，

鳳凰山乃陳朝司業朱文貞公隱居處也。山在海陽省南策府至靈縣傑特社在清涼江里許一帶，七十二峯盤蔚幽雅。左曰麒麟山，右曰鳳凰山。鳳山嶺有甘泉湧出成壑，掛山而下，山腰水匯處名鶩池，甘美可酌。又迴遶于山之麓，景致甚佳。陳以前賢達者遊玩亦多，嘗考之介軒先生阮忠彥遊傑特山有詩云：「暮烟一徑入山深，嘒嘒疎蟬抱樹吟。綠野舊堂苔鎖色，錦宮遺廟栢成陰。金滕事業光前古，麟閣功臣說到今。知是九原齎恨處，平生虛辨子房心。」其詩事狀，今已無所考證矣。此峴山所以有賢哲登此，煙滅無聞之慨也。

迨陳末，先生靑池人，清潔獨行，不求利達。講明理學，為世大儒，聖道以之豁開矣。開泰年間，徵拜國子監司業，授太子經。大治末，裕皇逆豫怠政，權倖用事，先生諫不聽，乃上七斬疏，不報，先生卽掛冠歸里，愛斯山，往居之。於是白鹿洞始爲明道之所矣。後屢徵召先生亦不起焉。及卒，贈謚文貞公，準從祀文廟，斯山隱居故址存焉。

黎朝景興甲辰，海陽按察使、北江進士、黎惟亶以時宰裴存庵公之志，訪得其處，竪石，刻「朱文貞先生隱居處」八大字以誌之，而祠則未也。

奉我皇朝明命二十一年庚子冬，保承乏海陽按察，紹治元年辛丑春，詳訪朱先生隱居處，恭閱石刻八大字，及其題碑祠記。意裴黎諸前輩，若有所俟於後人者歟。乃議卽其故址，建祠以祀之。祠成，復買置祀田，酌定祀儀，交所在社民奉祀。

竊惟先生行狀，前史所載，多有未詳，恐後人無以仰見其風範之懿，豈不深慨也哉。遂裒集遺事，恭述行狀，附以論說，與先生詩編，爲第一册；歷代諸儒論、說、誌、記、諸讚、諸詠，編爲第二册；祠所工役圖本，祠祀條約，爲第三册；頭曰鳳凰祠志略。書成，投與沛陽進士吳世榮潤訂，以岩石爲碑，恭勒之，以壽其傳，謹錙吉敬藏于祠邊，誠以先生潛德之幽光，所宜傳述，俾人知所敬慕，而社民監守祀事，非明定條約，亦不可以語久遠，是以忘其僭逾，率行編錄，若曰著述，則豈保之陋敢云乎哉。

紹治元年辛丑重陽節，海陽按察使阮保謹書。

恭閱鳳凰山祠志略，慨然思朱先生風節感作

鳳凰歸去碧烟深，遺韻清風直到今。一人應作先儒重，千載能令片石尋。七斬無施存國論，孤雲非遠却臣心。山水豈公真樂此，平生襟抱寄餘吟。

讚述朱文貞先生，恭和先生詩十一首：

恭和題朗公水花亭原韻

先生逢季世，行止有卓識。去就原不苟，鳳凰必擧色。昔人詘於遇，斯道賴以植。心雖切憂時，人幾見好德。鳳山松徑榮，鱉池蓮風馥。掛冠歸去來，道從靜處得。權奸不可斬，世途任傾側。理學探淵微，天行悟消息。曲肱堪作枕，一簞可以食。聖賢樂處尋，千古立人極。

恭和江亭作

築岩已具濟川舟，詎奈乾坤肅殺秋。道與身閒非小小，心隨化悟聽悠悠。域中胞與皆吾責，方外岩溪托此遊。古聖桴槎非獲已，一般心事付沙鷗。

附 韓黃祠對帖（景興丁亥冬裴存菴撰）

言行準諸四書，進退合乎中道。
行藏矩範師前輩；學問淵源式後生。
四辰崇祀從文廟，千古遺徽在講壇。
黌宮書圃熏蒿在，蘇瀝文源浸潤長。
賢業後先榮史册，善名今古壽鄉村。

月盎知刑官劉琨拜撰一聯

道學儼若泰山北斗，氣節凛乎烈日秋霜。

【校勘記】

❶「莫狀元」文中「玉井蓮賦」「説」字上原有「峯」字，今删。
❷「七律五首」，據文義補。
❸「望」字原作「斷」，據文義改。

❹「七言絕四首」五字原抄於下「姑俟考」三字之後。

❺作「附錄詩讚以下」，抄於下詩題之後。

【六】陳登元❶

陳登元，至靈慶陽人。美豐姿，有才藝，三歲好學，七歲善屬文，詞賦記誦，皆揮毫立就，人以神童稱之。

及長，經傳淹贍，雖三教百家，無不通曉，尤長於碁畫。十二歲充太學生員，李英宗愛其年少，問曰：「先生姓甚名誰？家何在？」元跪奏曰：「小人係姓陳，原是至靈人，登元其賤號，敢不前奏聞。」帝見其矢口成詩，有敏辨才，因此對云：「東海神童。」即應曰：「南山聖壽。」帝大奇之，賜田一頃，以旌其能。元益勵志讀書，遊學京師，文名籍甚。

政龍定應三年，置太學生科，（即進士科）元名第一。入侍講筵，後奉命參軍，禦宋有功，陞尚書公爵，仕至上柱國致仕。元性豪侈，居必高堂廣廈，姬妾不離左右，以絲竹自奉。卒，贈司空，諡忠獻。

子汝聽，幼有至性，忠獻卒時，年甫八歲，哀戚滿容，人以孝行稱之。及長，不與諸兄遊挾（狎），專事經籍。時同學阮觀光（東岸三山人）亦以文學爲同輩所推，聽學力又過之。陳太宗建中丙午年，大比取士四十七名，觀光狀元，汝聽黃甲，臚唱後，聽慚恚謂人曰：「安有才學如此，反下觀光，何以仕爲？」遂辭歸，天下多士，從學者甚衆。及卒，門人私諡曰：文康先生。

【校勘記】

❶ 題目據內文補。

【七】黎俊茂

公安豐春雷人。少勤耕稼，年十八始入學，數月餘，學日以肆，才日以大，知者莫不驚服。二十四，中洪德進士第二甲，頗有詩名，預騷壇二十八學士。歷事五朝，官至侍御史，兼領四衞軍。公居官清謹自持，剛毅不屈，動善而順，知無不言，嘗曰：「志定要堅貞，事行要簡便，方可以對人言矣。」迨莫登庸僭亂，光紹帝出城，公與翁墨（今改香墨）譚相公受密詔，率鄉兵拒戰，勢力弗敵，爲賊所虜，終不肯屈，遂死之。臨死時，手寫文天祥之贊，黏橫帶中，續作正氣歌，有云：

正氣回山岳，名節在人間。仰無愧兮俯無怍，生也榮兮死也安。

中興景治帝嘉其忠義，贈禮部尚書，封上等神，（橫匾題進封尚書美字節義黎大王）立廟祀之。于門扁外題「節義祠」三大金字，給祀田，春秋命官致祭，有咏詩云：

虎榜烏臺不負名，始終許國一忠誠。帶中黏取天祥贊，生也榮兮死也榮。

【八】吳煥

公青林上答人。少穎悟，有膽氣，洪德庚戌科榜眼，以文章顯，上命爲騷壇灑夫，名在二十八學士之四，累遷東閣校書。

景統中，以泄露朝事充軍，端慶間復用，仕至吏部尚書。及光紹帝播遷清華，公扈從，莫人追執之於源頭，公死焉，莫賊使人殺其二子。

先是公赴省試，至汪上河，時河流尚淺，可架橋，公咒河神，顯得大魁，架橋以報之，後中第二名，竟不果。莫賊既使人殺公子，尋悔，令馳驛赦之，至汪河，日暮不得渡，日至，則公之二子已死矣。

中興後，詔旌表節義，封上等神，立祠祀之，給祀田，門扁「節義祠」三大金字，歲時致祭，二子預焉。

【九】阮泰拔

公錦江平浪人。年少有文名，光紹庚辰科正進士，陞翰林校理，莫氏簒後歸鄉。登庸聞其名，使人徵之，不至。强至，召入，訪以政事，公亦勉强應之，登庸大悅，與語久之，許芙蒥一匣。公盡喫之，待汁滿口，乃告退，徑至登庸前，唾其面，汁流如血紅，大罵曰：「我不能投汝，豈復爲汝用哉，我只一死。」登庸大怒，支解之。中興初，贈節義福神，祠在本邑。

【一○】黃佐明

公錦江黃舍人，洪順甲戌正進士。憤莫氏弒逆，潛歸民伍，謀與泰拔尋皇黎子孫立之，舉兵興復。及泰拔被徵死，公卽糾集縣中義兵數百人，豎義旗拒莫。莫人將兵討之，公力戰，久之，莫援兵大至，公兵遂潰。公乃具朝服西向拜訖，投平浪江而死。

【一一】張孚說

公青沔金兜人，端慶已丑科進士。爲人剛直，統元末登庸逼帝禪位，說時爲吏部尚書，百官使作禪詔，說張目叱之曰：「祖宗百餘年天下，一揮筆以山河授人，此何義也？吾不能爲陶穀，爾輩貪圖富貴，任自爲之。」終不肯，乃改命阮文泰。莫既篡位，卽日退歸田里，粗服弊履，與民村爲伍，竟以壽終。

【一二】陳克終

公荚山縣人。舉陳朝太學生，英宗隆興初，加入內大行譴，陞左僕射，奉命使占。先是英宗以公主嫁占主制旻，及旻卒，國人將以公主入火壇徇（殉）死。遣人告哀于帝，帝知之，（其俗如此）乃遣克終如占吊喪，且勸占人使公主招魂於海濱，因以輕舟奪之以歸。

【一三】韓詮

公靑林三總人，原姓阮，文詞典雅精妙。陳仁宗紹寶間，有鱷魚至瀘江，帝命爲文以驅之，魚卽遠竄，帝以事類韓愈，賜姓韓，仕至刑部尙書。詮長於國語，我國文字，多用國語，自詮始。

【一四】鄧公瑱

公仙遊扶董人。有才藝，能文章。由解元取狀元及第，奉差義安督視，以補盜功陞工部右侍郎。

時義安有强寇三百餘人，聚林莽間刼掠，多爲民梗，公單車直入，慰安撫諭，皆聽命來降，公卽啓請移民于曠土，爲設社號，其民安居，戶口日倍，變成醇風，立廟祀公，顏曰「鄧狀元生祠」。

尋遷吏部左侍郎，入侍經筵，未幾，以父喪家居，會三府兵亂，殺鄧國魁，（月盎狀元）朝廷震動，命召公，公卽赴難至京，軍士見之羅拜，令公笞責其頭長，誅其首惡。

事定，遂備禮致祭鄧國魁于月盎，祭文曰：「人於禽獸幾希，士以綱常爲貴，慨惟尊友，忠孝狀元，正直君子，國不亡幸存者道，寇萊公之秉道嫉邪，人所欲莫甚於生，文丞相之捨生取義，彼不我何，命而已矣。（時稱爲眞狀元之文。）」

遂兼領三鎭，（太原、諒山、高平）便宜行事，後奉北使還，遷兵部尚書，加參從，尋卒，社人追祀焉。

【一五】陳文燡

公青沔慈烏人。性英敏，行純至，六經精通，尤邃于易。始爲學時，深自刻勵，嘗有詠云：「欲求生富貴，須用死工夫。」遂以文章名世。

年二十七，中二甲進士，旣成名，卽以氣節自持，有詩云：「此身許國渾難似，百尺蒼松百鍊金。」遷山南督同，不避權倖，有借威勢擾民者，公收杖之。迨爲京北憲察，尤以彈壓有聲，貴戚莫敢干法。

六年改承政使，取士以公，斷訟以理，不受私謁，禮接士夫，在職六年，人咸服其正直。尤喜訓誘後進，每講經理，必再三反覆辨難，令人煥然意解，人士成就者多，顯達于朝者甚衆。

嘗爲人所譏，久淹外任，不得顯行，又因監試清化場被罰，及監軍鎭寧，以論冒功見貶，遂有詠歎云：「矢直不辭三見黜，駑材自分一宜休。」會有水匪煽動，人情恐懼，奉差山南道贊理，公招諭綏撫，人心以安，寇息，陞山南承政。

未幾，召入御史臺，諫立幼主不聽，日與副都阮賞，嚴戢猾胥，申明訟理。賞戲作對句云：「芹泮五經師，坐學士於春風；面命耳提，殷勤若家庭父子。柏臺三尺法，立吏胥於冰雪；辭嚴色厲，凜烈如雷電鬼神。」視事僅四月而卒。

【一六】崗國公傳（阮熾）

公義安貞祿上舍人也，性剛而果，頗有機謀，勇力兼人，器宇無岸。其父會，生汴及公。汴微時，與父載鹽貿易，往清化藍山鄉，一遇黎公長者，（是黎太祖）黎公見才力絕人，留汴與居。會再回上舍，於乙酉年三月，煮鹽在瑚椿處，夜半虎倏至吠之，抱至同[illegible]處，開穴安葬，揭木圍墳，黎明，家人尋至墓所，見此知是異祥，相與嘆息而返。時公方九歲，遂與家人同往，與兄汴寓藍山鄉黎公家，日日思慕不已。

是時黎公手下將佐，已有三四百餘，又多畜獵犬，因田獵以習武事。遂命公率獵犬三十，聽其調遣。係每日食犬，分為三十分，期以聞馬鑼三聲，群犬來跪，各認一分，不得鬧動；聞馬鈴一聲，一齊起吃。日常教犬，犬畏而戀之，指呼如法。黎公見而器之，曰：「物類尚能養教如此，況練習軍士何有乎！」大奇其才，愛之如子。

時胡末擾亂，明將張輔等引兵來寇，二胡避亂，走入義安，到天琴峯，明人拿獲北去。陳後復起兵，稱興慶元年，尋為明人所敗，國內嗷嗷，未知所屬。黎公素有安天下之志，戊戌年起義于藍山，公堅與追隨，晝夜不捨。累經履險蹈危，而銳氣不挫，拔城陷陣，躬冒矢石，斬明將馮貴於耶瀾柵，俘賊將朱傑於多矜城，與黎公潛伏清化，大破李亮、陳合，而明人退慑，黎公軍勢大振。明人繼遣柳昇、雀聚、黃福與沐晟等，分路而來，黎公委公領兵馬，潛伏于岐陵隘以待。柳昇率大兵先至，伏兵俱至，斬柳昇、李慶，又生擒崔聚、黃福，及賊器械，不可勝算。沐晟亦解甲乞降，國內山河，於此盡復矣。（一云太祖擒明一遊兵問之。兵曰：「此行兵馬甚盛。」又問：「何員將何軍。」兵曰：「崔聚、黃福將前軍，昇將中軍，晟將後軍。」將行，張樂鼓吹，而昇行前尤盛。太祖知之，令敎熾伏兵，俟中軍至，悉起，直截昇面。熾依敎，果見中軍女樂喧起，伏兵悉起，明兵亂走，遂斬昇慶。山溪險崎，前後兵首尾不相顧，爭奪路走，俘虜將士甚多，器械無數。）

戊申年，黎公卽帝位于昇龍城，是爲太祖高皇帝，建號順天元年。定功行封，以公有大勳勞，封爲開國推忠揚武明義輔國功臣、開府儀同三司、入內檢校、領管鐵突中堅翊聖、鐵突左堅翊聖、上柱國，賜金魚袋金符，賜姓黎。兄汴初討賊陣亡，贈太傅嚴郡公。順天六年，受太祖顧命，歷相太宗文皇帝，日夜謀致太平。

迨仁宗延寧六年，時有范屯潘般之亂，帝室大變，公掃淸內難，與諸賢將迎藩王思誠卽位，是爲聖宗淳皇帝。帝軫念公勳茂開濟，進封開國推忠、揚武明義、輔國佐理、靖難中興功臣、太原鎭驃騎上將軍，特進開府儀同三司入內檢校、左輔右相國太傅平章軍國重事崗國公；父會贈封太保亭郡公；母郡夫人。妻妾均蒙褒蔭，子壻皆爲顯官，男尚公主，女嫁皇孫，各極其貴顯云。

及公寢疾，帝遣中使齎賜敕諭一道，錢一千貫，候問不已。乙酉□□□薨于正寢，帝以公勳着三朝，不逾一節，厚加□賜，差官諭祭，又賜治喪儀錢一百緡，加贈太師，謚義武府君，敕命立廟奉事，累朝褒封爲上等福神。（歷朝封爲：「顯威正誼、英烈忠貞、右應昭感、果毅貞純、扶運揚威、迪果寬裕洪恩大王，祀典秩上等神。）

公有子十六人，師、回、昶、繼、柴尚公主，餘皆貴顯。至孫伯駟特進輔國上將軍岩郡公；伯騏封太尉安郡公。四代孫伯衞封殿前點檢文郡公。五代孫伯馭封總兵使，贈愼郡公。七代孫伯衡封駙❶馬行郡公。本朝掌營贈少保阮廷得、左軍都統掌府事阮文，孝皆其後也。

公一武人，而忠厚端正，綽有古大臣風。其佐太祖也，艱險靡辭，其佐太宗也，治平謀慮。及小人煽變，王室構災，公周旋其間，謀思匡正。卒之靖翊隆，厥功不少矣。天監其忠，公得以壽考令終，慶延子姓，乃知瓜豆之理，豈誣也哉。

【校勘記】

❶原作「鮒」。

【一七】晉國公傳（阮景輝）

公晉國公阮景曜之父也。其先海陽東潮千里人。胡末，移居于義安南塘（縣名）大同總農山社玉山村。

按公家譜云：公有智勇，黎統元間，莫氏僭位，盜賊並起，公報屬總曰：「方今四方擾亂，吾當糾率人衆防禦，以保方民。如漢伏公（伏湛）平原故事，豈不快哉。」衆遂推公爲長，會集丁壯，分設屯所，爲防禦之計。時美績、喬伯鶴、林伯高皆一方强寇也，公盡掃除之，地方稍平，人民復業。迨聞黎皇帝立于哀牢，公乃與衆子俱詣岑州行在拜謁，帝召見問，封爲平陽侯，嘗從征伐有功，及卒，贈福慶郡公。

【一八】阮景曜

公阮景暉之子也。公天性剛毅，有文武才，少事舉業，領鄉薦。皇黎中興之始，隨父謁帝于行在，勵志勤王，扶黎討莫，領一道兵，進破賊屯而出。嘗於農山、玉山、胡山、銅江樹立營柵，與莫將阮倦相拒，所向克捷，屢著功績，薦封協謀功臣兵部尙書太傅晉國公，鄭王又賜姓名曰鄭模。

按史記黎英宗峻皇帝正治十三年，公與榮郡公黃延愛、萊郡公潘公績等，指天爲誓，同謀協濟。鑿濠樹柵，設伏守險，以防莫兵。時莫敬典守河中，公領兵出左路，取安定，遂永福，收復宋山。十四年，加公少傅。莫敬典寇義安，公與潘公績往救，莫兵退回，義安復定。洪福元年，莫敬典侵清化，公與潘公績等，領兵救之，莫兵遁退，一境以安。

世宗毅皇帝嘉泰二年，莫阮倦復侵義安，公與潘公績領兵禦之，連戰，倦兵退還。三年，阮倦復來侵，公與潘公績戰不利，公績爲倦兵所擒。四年，莫敬典侵清化，使阮倦侵義安，與公相持數月餘，莫兵奔潰，境內案堵。丙子年，公奉召回清化議事，行至玉山縣，阮倦先已伏兵圍之，獲公以歸。

公家譜云：

時倦以書諭之曰：「昔我先公與瀛國公同爲國家名臣，爲讒言所間，不免掛冠納履，優游京寨間。效馬伏波將軍故事，（遨遊二帝間）因與黎氏子孫馳驅，惟以恢復爲念，豈意後君宴駕，二子乘舟，鄭氏輕視黎家，別尊遠親，詭情不密，誰不疑之。古云亂邦不居，此倦之所以去也。本朝道法舜禹，比之趙宋，其亦無愧，晉公若能順命，去虞之秦，則吾當解李左車之縛，推轂當朝，而公得以收百里奚之功，流芳後世，何必區區爲楚囚對泣者，誰則知之。」

公復書曰：「正統黎朝太傅晉老致仕石郡：凡人生天地之中，當具天地之理；而理之所在，綱常爲重，大丈夫立身，舍此則冠裳而禽犢矣，尙得與人語此流芳乎？黎朝順天應人，平吳開國，功德甚大，內外皆臣，綱常已定立矣。頃者莫氏毒肆莽蛇，闇干天位，汝遽以宋祖爲儕，殊不知宋祖爲六軍所迫，還汴之日，攬轡誓諸將曰：『太后主上，我北面事之，不得侵犯。及受禪之日，不食其言。』今則西內之幽，統元母子，俱被其害，何慘如之？而卿猶云道法舜禹，得非曹家之舜禹乎？汝本儒家，不辨清濁，輕身冒試於篡亂之朝，屈事僞主，『亂邦不居』有如是耶？幸而天意有在，青木再生，黎皇勵少康之志，諸臣攄臣靡之忠，撥亂反正，值此時節，爾家父子，始則改心易慮，歸命本朝，固可嘉矣。逮中宗即世，先帝御極，是猶高宗南渡，孝宗受禪，國有長君，繼絕之大義也。其若布衞奉迎之禮，册立之文，凡在朝班，忠臣義士，孰不署名而鞠躬者。而汝妄自彈唇，謂爲族屬疎遠，以售其背叛之計。汝遭家變，一年遽改父之道，非惟不忠，抑亦不孝。今能改過自新，可效五關斬將，回見玄德，則本朝亦赦前過，不忍棄也。若復執迷不返，復爲衞律勸蘇武降匈奴，則晉老當膏身於草野，牧羊於北海，不願相見。吾志已定，汝勿復言。」

倦得書曰：「簀上飢鷹，尚有奮擊之志，誰得憐之乎」。一日倦來省，戲之曰：「模者莫木也，不爲莫用，必成墓上之灰，卿獨自不省乎？」公曰：「吾平生嘗遊卿家，聞卿先公以卿性懶，故名之曰倦。且戒之曰：倦者卷人也，有於卷違，必受圖囚之辱。卷云：忠臣不事二君。卿何獨違乎？」倦知公志不可奪，卽拂衣去，公遂遇害。

公被執時，寄語其子曰：「晉老以忠事君，本欲以剪除僭僞，恢復皇家爲念，豈意誤中賊計，事已至此，惟死而已。汝等勉各致力，輔我皇家，共成大業，以繼吾志，勿以晉老而失事君之道」。人嘗有詩云：

入中禀剛毅，心上篤忠貞。天地光正氣，日月照真情。凌凌志不屈，凛凛死如生。

又云：

世授韜鈐，壇登將帥。原從正氣生，自抱丹心死。顏唐文采聯前賢，烈日秋霜垂萬世。

後公爲福神，義安之民，多崇祀之，稔着靈應。公之弟忠郡公、强郡公、立郡公，皆有功績。

公之子舒郡公景堅、豪郡公、勝郡公，累世貴顯。

【一九】阮景堅

公晉國公之子也。按公家譜云：公勇而有謀，嚴而多愛，從父征伐，屢立戰功。自晉公遇害，鋭志復讎，嘗自領一隊兵討賊。□□年莫兵入寇愛州，帝命公爲前鋒禦之。莫將賴世美望見公，遙謂曰：「汝父才智有餘，尚見就擒，況爾一豎子乎？」公大罵曰：「反賊叛君事讎，今來此得非欲授首乎。」卽大呼陷陣，射世美墜馬死，莫兵大敗潰。忽聞左邊噉聲大起，公視之，乃阮倦也。卽麾軍大進曰：「急急死戰，必要生擒老賊，以雪我讎」。諸軍踴躍前進，戰數十合，莫兵死者甚衆，阮倦僅得身免。捷聞，帝加封信郡公。

壬辰年，公大破莫兵于美良，又破莫兵于椰橋，（屬永順縣）莫敬典渡河而走。再加封都督兼僉事舒郡公。十一月，公領水兵至渴江，與莫兵戰，大破之。節制鄭松乘勝收復東都城。帝以其有乃父風，璽書褒勸，再陞加輔國上將軍。

後有明使來，帝命公與美溪侯阮澧前往迎接。北使問曰：「聞南國相臣，詐立黎氏，以收人望，有無如何？」答曰：「黎氏有一支，隱居東山縣布衛社，人心向望，忠臣義士，迎而立之，臣民踴躍，將士歡呼，一擧而天下平矣。古人云：人心不可以術詐。人心豈響應如是耶？」北使語塞，又問曰：「倘莫氏奏大國以汝國擅殺貢臣之罪，擧天下之兵而臨之，何以禦之乎？」答曰：「昔少康以一旅而復夏，成湯以七十里而興商，今我國地方五千餘里，文臣武將一千餘員，勁兵鋭卒五十餘萬，黃福、柳昇之事，可以爲鑑。莫氏一篡逆臣，大國若聽其言而來，曲直自有在也，何必言。」北使嘆曰：「南國有人。」厚遇之。（按史記：「乙酉閏八月，遣少尉舒郡公阮景堅等與刑部尚書兼東閣學士美溪侯阮澧等迎接北使。」卽此也。）

其後累着勳勞，進秩太尉，再加陞少保。及卒，加贈協謀揚武翊運贊治功臣少傅左司空，遣官諭祭。

【二〇】太宰梅郡公錄

公姓馮，諱克寬，山西石室馮舍社人。先考初任東關縣，後贈迪教伯。公生於戊子年正月日，啼聲長而大，有一鄉老來聞之，謂人曰：「此子不凡，他日必成令器。」公質穎悟，性眞率，聞見甚敏，書籍酷好。會衆戲遊，亦有節止。九歲能議戒色挽，十六歲頗擅詩名，有言志詩集，深識時機，預知國運。（時莫氏僭位，公知黎氏必復興。）

庚戌年，公二十三歲，杖策從龍在內壘，未見帝，隨事鄭世祖明康大王，（時鄭檢迎立黎帝，匡扶國祚，後乃追贈。）運籌帷幄。辛亥年，公二十四歲，舉兵攻莫氏。壬子年，黎皇帝開鄉試科，公年二十五，試中三場。丁巳年，公三十歲，秋試中四場，再從征討。庚辰光興三年，公五十三歲，會試中第二甲進士出身，參軍國事，謀除逆莫。甲申年公五十七歲，生女子馮氏鳳。丁亥年六十歲，生男子馮克忠，在內壘凡四十二年。

至壬辰，年收復京城，公時已六十五歲。天下初平，奉給馮舍社爲寓祿，封竭節宣力功臣，特進金紫榮祿大夫，清化義安等處贊治承政使。乙未年，陞工部左侍郎。丁酉年四月日，奉命北使，時公年七十。適遇天朝萬壽慶節，諸國使臣各獻詩一，公獨獻詩三十一首。天朝吏部尚書兼管禮部張位以公詩上進，大皇帝御筆批云：「何地不生才，朕覽詩集，具見馮克寬忠悃，殊可嘉美。」卽命印板頒行天下，因賜「南國狀元」等字以榮之，（故俗號爲「狀馮公」。）給之冠服。公又撰使程詩集。

戊戌年十二月，又往北使，（此段疑傳誤）不受天朝以莫氏職封，始封黎皇爲安南國王。庚子年，公七十三歲，奉使還至中途，聞逆計逆美與莫乾統又稱兵作亂，御駕清化，卽日夜倍道兼行。時官軍與賊對陣，至橋江市，勢屈力疲，被圍經十餘日。公卽趁至，設計解圍，復迎御駕還京。辛丑年，奉增給石室燕山之鄧舍虬山二社爲寓祿，及內壘功臣田、及使臣田。授吏部左侍郞。壬寅年，陞戶部尚書，爵梅郡公，乃重修日仙、月仙橋碑文在柴山寺。時有人誣告公營葬禁地，被謫于芒鷁處，（在義安襄陽）因撰林泉輓。天朝占見天星相位有缺，特頒青錦一匹，內織「青翠」二字，遣使持送本國。朝廷會議，莫知其意，遣使就芒鷁處召公還。公奏書云：「臣在山林中，已耐麋麇之態，躭泉石之娛，不復知國家事體，不敢出朝。」帝又命官備將車馬强起之，公乃回斷，以爲內地將以十二月出卒。後竟如所言。

癸丑年公八十六歲，卒，贈太傅。丙辰年又加贈太宰。庚申年加贈封上等福神。今有傳神像在祠堂，馮舍社二村同奉事。

按黎世宗光興二十年，丁酉四月日，馮公克寬如明歲貢，幷求封，明萬歷皇帝詔封帝爲安南都統使，（司都統使）仍遣馮公齎勅回國。公上表曰：「臣主黎氏乃安國王之冑，莫氏弑逆而奪其國，又暗求都統之名職，臣國不協應也。今臣王無如莫氏之罪，而反受莫氏之封，此何義也？願大皇帝察之。」明帝諭以「汝主雖非莫氏之比，然一初復國，人心未定，方且受之，後以王爵加封，未晚也，其勿辭。」馮公乃拜受而回，是則馮公以光興丁酉四月過關，十二月辭回，至戊戌十二月十五日，回至鎭南關。本傳載：公戊戌再奉使，明封帝爲國王。又載：「公使回，聞帝被圍，設計解之，復迎還京。」考之國史亦無其事，蓋本傳之誤云。姑附所見，以備參考。

附賀萬壽詩三十一首

其一

秋旻平分節正中，萬邦悉集大明宮。堯眉舜目天姿異，湯敬文徽聖德同。御座冕旒龍瑞日，貢庭玉帛引香風。鵷行舞蹈同歡祝，帝壽增高天比崇。

其二

幾年波帖渤溟東，上國欣覩有聖聰。黃道光開中正日，彤闈香裊太平風。天涵地育鴻恩溥，海至山來雉貢通。敬祝萬年天子壽，綿綿國祚過周洪。

其三

九春九夏九秋冬，滋至天休日日重。簾捲扇開金翡翠，花明柳媚玉芙蓉。簫韶九奏來儀鳳，圭冕千行拜袞龍。黃髮老臣陪盛宴，年年壽酒進黃封。

其四

度開越嶺達河江，賀節欣逢萬福降。氣見黃旗森帝座，雲開花蓋聳天杠。潤蘇穀仰恩洋洽，省稼繁徵事駿厖。受賜小臣齊祝聖，萬春喜上壽眉登。

其五

百世宗親百世交，以仁一脈福生基。舜無荒怠存中處，湯克寬仁臨下時。周藻肆開魚鹿宴，羲桐迭奏鳳凰池。下臣忝奉南來使，願上南山萬壽詩。

其六

一朵神光照紫薇，歡聲喜氣溢堯畿。金鐘雅奏韶英樂，寶鼎香凝黼袞衣。太極殿前長日燠，蓬萊宮裏壽星輝。願將敬德為基本，天地神人永有依。

其七

九重閶闔曉開魚，鵷障龍樓宴賀初。綱紀一家雍袵席，範圍六合會庭除。天冠地履臣欽若，谷日崖春民皥如。冀北山河堯舊蹟，萬年增壯帝王居。

其八

朝會曾聞古有虞，以今視昔兩相符。五樓鐘鼓仙班仗，萬國衣冠王會圖。化日光天明帝德，祥雲甘雨滿皇都。之功之德乾坤大，千載增輝照典謨。

其九

聖賢大道樂修齊，學造光明敬日躋。化雨霑濡蘇九有，德風動盪鼓群黎。周黎禹甸山河澗，軒閣堯階日月低。何幸繁薇陪藻宴，願賡旣醉詠鳧鷖。

其十

貢瑞欣逢聖節佳，鬱葱瑞氣滿衢街。海隅日出瞻依共，極北宸居拱向皆。被澤生民胥鼓舞，聞風侯國舉柔懷。小臣忝預僉香使，幸接清光覲舜階。

十一

火煉靈丹竈未灰，長生仙子捧將來。旃壇煙裊朝衣滿，禁苑雲低御座開。以雅以南沾威宴，若民若物囿春臺。金漿玉醴飛騰藥，願上丹霞五色杯。

十二

澄徹光明瑩一真，出寧天德極乎純。欽存恭見堯修已，簡御寬臨舜養民。仁廣心聲和有夏，樂皆胞與囿同春。北南但願弘兼愛，薄海蒼生共帝臣。

十三

赤爵銜書兆應文，今朝旒慶聖明君。葱葱佳氣樓臺湧，盎盎和風草木欣。天道光回新日月，帝垣快覩瑞星雲。皇明基緒今其永，卜曆年兼周夏殷。

十四

受命于天位德元，日逢慶誕福榮尊。御袍雲繞登龍袞，庭尹星趨五鳳門。雲殿月階凝瑞氣，冰天桂海沐深恩。仰惟帝量同天地，天地長存帝福存。

十五

天行東北未霜寒，和氣氤氳滿際蟠。大典星明周禮樂，昕逢雲集漢衣冠。如今如玉昭王度，于鼎于甌奠國盤。有道之長今亦古，億千萬世保常安。

十六

濬發其祥詩有刊，喜今聖上挺龍顏。精英秀異人群表，正大光明方寸間。皇極建時三極立，帝星照處衆星環。臣民懽慶同懽祝，聖壽南山國泰山。

十七

欣逢誕日兆開光，百辟齊趨聖節筵。天陛雲紅羅虎拜，御爐烟碧裊龍涎。朝多賢佐為珍寶，樂在年豐是管絃。此盛歷將前代舉，德義軒壽亦義軒。

十八

聖皇收拾世英豪，進入蓬萊宮殿高。日上丹墀鳴玉佩，煙飛寶鼎惹香袍。趨陪幸接層雲迺，饗宴欣瞻惠雨膏。西母虔将仙物獻，堆盤碧藕間冰桃。

十九

聖節欣逢賦蓼蕭，澤加四海仰天朝。撫華便是深恩布，致遠尤宏令德昭。合九州歸同一轍，卓千古冠百王超。遠臣喜近階三尺，願效封人壽祝堯。

二十

亨天子見有三爻，今慶緣諧上下交。廣扇仁風行薄海，普施恩雨灑炎郊。天開帝宅瑤池宴，日進仙厨瓊蕊肴。卜世卜年周過曆，當初早已驗枚筊。

二十一

明良喜起載賡歌，共慶皇家福集多。相有夔龍擎宇宙，将如叔虎鎮山河。一堂喜會諧孚契，千載真元見泰和。遭際太平知有幸，三呼三祝壽魁科。

二十二

天庭一自降黃麻，萬姓欣瞻聖澤加。河潤海涵天地德，水環山護帝王家。中秋節節新天氣，上苑年年好物華。岳貢川珍皆踵至，紅雲高擁六龍車。

二十三

天子辰丁長盛陽，重輝重潤又重光。瞻依帝所雲霄近，拜賜君恩雨露香。近悅飽仁陶在在，遠來飲化翕方方。國家長遠終攸賴，子子孫孫享世王。

二十四

斗指於庚德在庚，應期天啓聖人生。並三才立位成位，照四方行明繼明。定志修身倫理厚，垂衣拱手治功成。斯民斯世何多幸，與太平風頌太平。

二十五

冀江水碧冀山青，拱抱堯畿地氣靈。長日昭回皇極殿，衆星環繞紫微庭。南方茅貢供常職，西母桃盤獻壽齡。惟聖卽天天卽聖，願天永畀聖康寧。

二十六

天純祐聖底民蒸，受命增光曆數膺。位儼九重容穆穆，圖回庶政念兢兢。仰規祖訓前無間，貽燕孫謀後有憑。萬國一心齊祝聖，世千世億永繩繩。

二十七

聖帝明王盛化尤，望今取法上為優。敬天法祖學開講，閱武崇文賢廣求。道旣同符心旣合，民常歸向命常留。小臣愧乏千秋鑑，祝聖長年萬萬秋。

二十八

龍樓鳳閣倚雲侵，寶扇初開御駕臨。德合兩儀皇昊德，心存百姓帝王心。粹精王道純如玉，翕集侯邦底貢金。葉茂只緣根本固，祖尊遺澤入人深。

二十九

聖御中區澤普潭，騰騰瑞氣滿輿堪。帝星台月輝辰北，敎雨仁風暨日南。庭入九州歸轍一，殿呼萬歲祝嵩三。裁成天地人之道，所望皇王心與參。

三十

饗昌歌有虎形鹽，幸沐皇仁優渥沾。旅獻禮行同醉飽，韶成樂奏副觀瞻。天高地厚恩圖報，主聖臣賢福享兼。千載靈椿千載鶴，登登白髮對蒼髯。

三十一

聖有臣賢一德咸，政行平易近民岩。正從繩木師殷后，和濟鹽梅效傅岩。天上衢亨清閣道，海隅航至快檣杭。詩中祝頌含規諷，命永民親本敬誠。

題梅南毅齋詩集序

夫天地有精英清淑之氣，浩而爲山岳融而爲川澤；或鍾於物；或鍾于人。故氣之所鍾，扶輿徬礴，必生懷奇秀異之才，不專于近，而在乎遠；不稟于物，而在于人焉。吾聞交州南極也，多珠璣金玉琳瑯玳瑁犀象之奇貨，是故精英清淑之氣，特鍾于彼，而宜有異人出於其間，豈特奇貨哉！

今使臣馮公，皤然其髮，矐然其形，年七十而顏尚韶，譯重三而足不繭，觀禮明庭，利賓王國。其所著萬壽慶賀詩若干篇，揄揚鋪叙，詞意渾厚，足以唾珠璣而聲金玉，豈亦所謂異人者哉！噫！大明中天，聖人御極，德懷四溟，威恒九裔。巍巍蕩蕩，秩周文之盛，宜乎白雉呈祥，黃耇嚮德。今吾子之來，抑未知天之風果不烈，海果不波，如囊日成周之時否耶？若然，則吾子卽古之黃耇，而賀詩之作，詳於獻雉遠矣。

古有太史，採風謠以絃歌之，又安知吾子之詞，不編于樂官，而彰中國之盛也歟？不穀生在東方，得接子之語，覯子之詞，恍然飆車雲馭，神遊火海之鄉，足步銅柱之境，幸亦大矣。其敢以不能文辭，遂爲序。時　萬曆龍輯丁酉下浣朝鮮國使刑曹參判兼翰職李睟光芝峯道人序

【二一】兵部尚書海郡公譜

公姓范，諱廷重，海陽荆門岕山輕徭人也。其先與金堆范族譜系同出，樹大支分，流長派別。粵自先祖福基公新築初基，積德累功，重仁襲義，及公蓋六世矣。顯考，府校生，贈特進金紫榮

祿大夫御史臺都御史太子少保燕翼侯。正室段氏，生四男，長子鄉試中四場，（鄉貢今謂之舉人）肇封府知府。第三子校生。（生徒）第四子鄉試中四場，仕至工部郎中。其二卽相公也。

公生於甲午年三月二十二日丁卯時，皇黎永盛十年也。世傳五湖神降誕，（公少時嘗吟云：「天荒地老任其然，五湖七廟余獨善。❶」後公經略山南過憲司，獻庯北客拜謁，見公相貌如五湖神像，因問所生年月日時，乃大驚曰：「五湖七廟有誌，是年月日時，五湖有變異」意是降誕之兆也。）蒙于嚴侍。十三學于令舅段校生。十四學于永賴蓬萊黎監生中式（鄉貢、會中也。），縣考首選。十五學于安定河都鄭訓導。十八學于進士東閣校書御天汝水同先生。十九學于進士翰林院侍書錦江丹場阮先生。（陳公後，以門弟謀不軌，盡奪其爵。公請于朝，願自降數級以復之。後又構祠堂，以奉祀，語曰：「水深則回，弟子達則思師。」信其然矣。）

年二十六，黎朝永祐五年巳未科會試中進士。特覆考院阮仲适，預有朝廷得人之喜，初考官阮仲烱、潘如圭，覆考官陳廷寮、阮仲适，适慈廉安泰人，謂同列曰：「今科中格有一卷，眞經綸事業之文，他日國家必賴矣，敢作大科得人賀。」及回名，場官視之，果見公豐度出常，甚雅重之。公初登第，入相府罵堂吏。（公與同榜往謁相府，堂吏故意牽延，不爲稟白。公罵之曰：「朝例新進士謁相公，相公引拜皇上❷，汝何得故意如此？我等豈從汝求好官耶？」追擊❸之。吏走入府堂，相公驚問，吏具以實對。乃延諸公入坐，慰問久之。）初受禮科給事中，時王府有大祭事，內旨以丑刻行禮，百官各司其事。夜半齊集，及丑三四刻，公請行禮。有司曰：「廟祭則世子主鬯，世子未出，奈何！」移刻，公又促之。有司曰：「禮物整肅，公若敢代世子主祭，則執事者各事其事。」公曰：「願自當之。」遂行禮如儀。禮畢，公詣王府待罪，具陳所由，鄭王嘉之，令悉致膰俎與之。會世子適至謝過，乃贈銀二十兩。其所得賞賚，公蓋與執事同之。

景興元年庚申，陞翰林院校討，署監察御史。八月公自京還，宿金城之黃舍，擒僞黨，（郡公名風❹）賞錢三百緡。（公宿黃舍，見一人伏柴薪處，命捉之，問其狀，知是明祝之餘黨，送京。）辛酉年行協同兼防禦使，擒僞遽僞選于臥雲山，檻送京師，陞工部右侍郎。時四郊多壘，逆鰜（名阮有求）尤爲桀黠，肆虐于東南，官軍累戰不利。公奉差爲參謀，兼視戰舟師，次東潮之屯山，（俗號崑貓）不意鰜賊潛氽水下，跳入舟中，（俗傳鰜乃海魚神所誕生，故善氽水。）殺一卒。（名張永）公遽閉檻扃，大呼曰：「我已斬獲鰜賊矣。」（阮有求俗一號名鰜，一號名曉）衆驚覺，奮躍而前，賊卽水遁伏于楫下，公命以稍叢刺之，賊遠遁。一日，舟次于東潮之漠川，（俗號凌潮）賊船猝至，犯之。公率手下力戰，賊退。乃命武霑奏聞，具道「官軍船一，鰜賊船三。」上嘉其以少制衆，謀勇出人，特賜率軍，封瑤嶺侯。

壬戌年召回，奉差會試場監試，事清，奉差參贊戎務，與遵郡公進討，召對于十字堂，問機略對策，第一加頒三級，賞錢三百。癸亥年程郡公，（名郡紅）與賊戰不利，被圍于青河之婆女港，（在安網總，郡紅被擒，朝臣謀贖之，賊投于水而還者。）公將水步夾擊，賊散，圍解。

甲子年，賊鰜竊據于荆門之塗山，黃屋左纛，自桀于海濱。（自號朝廷❺手下，僞稱郡公十八人。）三四年間，諸將曠日持久。公奉差爲統領平寇大將軍，調撥海陽、京北、山南、安廣諸道水步兵馬。時禮樂征伐，皆自鄭王府出，公慨然以討賊爲己任，旣領印劍，趨出府外，駐節于南門之廣文亭。明日，入朝拜謁皇上于正殿，帝慰撫而遣之，御書「百姓皆兵，府庫皆財，許便宜行事，一以委卿。」賜之。公拜受辭行，進兵直抵塗山，爭山奪險，以正戰，以奇勝，屢以舟師橫截賊糧船于海門，日以大兵攻其前，而從山後（名母山最高）披荆棘成大道，輦巨礮于山顚，射其壁壘，據高攻下，兵若從天，數年之巢穴，一旦踏平。賊潛遁，竊據京北之昌江，築壽昌城。大江以北，皆爲所有。時曄公（黃五福）爲統領，此地頭乃其境內。奏于朝，請自將擊之，三日三戰不利，賊勢愈滋。

乙丑年，公奉差京北鎭守兼督領，傳檄各道，併力討賊。一日公調戎務在昌江之南岸，與客對飲，賊隔江射之，折一小卒，人人驚散。客言願相公稍却，以避其鋒，公曰：「三軍之命，係乎一將，稍却則賊飛渡矣。」時賊列戰船于江北，於江口列柵，横截中流，公又加益之。仍遣諸軍于江岸築壘爲持久之計，而從上流渡河轉戰，直抵多枚，（安勇縣）水步夾攻，賊勢窘迫，欲裂柵而下，牢不可拔，乃舍舟步走，官軍追擊之。捷聞，上大悅，賞黃金十兩，銀牌數百，特書「文武全才」四字予之，陞兵部左侍郎。

時逆伍竊據于玉佩者數年，虐焰滋蔓，圍潘派侯阮潘（清化人）于山西之香粳。時國舅某提十八奇效兵，月餘圍未解，上以東南稍靜，召公還，問方略。公委胤郡公（金花扶魯人）管領東北戎務，公回京奉侍，特頒印劍謂曰：「副將以下，不用命者斬之，其所賜前將錦袍，令自往抉取之，限十日了事。」公自請曰：「兵難遙度，願往觀形便。」上奏表聞，辭行。立象于後山，知賊十五屯聯絡，因令諸軍，各具一束薪一火炬，夜半潛發，投薪于沃野，兵行如履平地，入無人之境。樊賊最中大營，中外奮擊，又燒諸屯營，賊大潰，圍解。公於象頭草表，遣使奏捷。又令一首校詣前帥幕取紅錦袍，引兵還至京，纔六日，經過國學門，適朔日監課，乃入與學官相見，公曰：「爾來從事戎軒，今欲聞諸傑作。」乃擇一二梗句讀之，未竟，而內差官督促者數四，乃入見。上大嘉褒賞，命坐賜之宴（與曄公同坐席），問以破賊陣勢如何？公一一指畫山川曲折之形，大軍出入之勢，不覺帽落，既而驚覺，降階下拜，上命曄公扶起，上座，曰：「小禮何妨，仍命坐對。」特賜金錠銀牌，上諭以「伍付雖猖狂，亦自守虜耳。鯀賊出沒無常，尤當加意提防。卿宜亟返東南以觀其釁。」公拜謝，即日就道。

至永賴之貝市舊屯所，犒賞軍士，宣言令軍中五日縱飲酣歌，忽第三日夜分，遙聞鼓聲宣動，則公已率水軍追鯑賊于桴山江之三岐，諸將乃引步兵邀擊之。及還，諸將皆賀，公曰：「我來自西，彼必探聽，初一日觀我之動靜，謂我禁防疏濶；二日必潛師而來；三日將至，我邀而擊之，此兵法致人之謂也。」諸將皆服，公因分設屯守，如京北之安勇、順安，山南之瓊瑰、附翼，海陽之永賴、安老，及諸要害處仍令各社民開渠築壘，協力固守，賊至卽馳報官軍來救。自是民有所依訴，而無所畏，賊勢日孤，兵少食盡。一日鯑使人持書來謁，有句云：「玉藏一點，入爲主、出爲王。」公卽命復之云：「土截半横，順者上、逆者下。」鯑見之，且懼且愧，遂不敢交兵而却。時鯑勢日促，密使其黨名宥，多以金銀賂權臣署府官（杜世佳、慈廉東鄂社人），懇乞降，以爲緩兵之計。佳言於鄭王，王信之，許其降，封寧東侯。令將其部曲來朝，公慨然誓不與此賊俱生，獨自請討。時署府官與公有隙，（公以署府官不由科目，而輕視縉紳，心甚惡之。一日見署府官穿帽，公曰：「此帽何從，其美若是。」署府官答之曰：「此乃名所栢所製。」公卽使人取其帽，署府入王府訴泣，自是遂成嫌隙。）密請召公回京，解其部曲。

公以鯑賊詐降，必不可信，乃次于永賴、貝市，召募清河、四岐、上洪、永賴，及諸道强壯爲義兵，別號「青岐」「洪水」二奇，以手下二將領之。署府譖言公爲玄德，青岐爲關羽，洪永爲張飛，今握兵在外，私署部曲，恐有他志。上知公孤忠自許，置而不問，特賜慰勞詩，以導其意。（詩云：經幾年間歷啓行，周還一節仗忠誠。昌江計破軍聲振，東土機乘賊黨清。允武允文兼偉略，重朝重郡擅威名。勉攄經濟行戡撥，敏奏睿公贊治平。）

已而鯑果不來，煽虐于東南，勢復大振。朝廷特命昆郡公（邯江人）領兵馬討之，渡弭河、刁鷄驛，爲賊所欺。諸軍大潰，京城震動。（昆郡公渡河未畢，數騎賊兵猝至，絺使人以龍駒句象樓擒之，許贖銀三百兩。）上令諭公提兵討賊，公奉命卽日就道，調撥諸道兵馬並義兵，且戰且行，耀兵于嘉林，略地于良材，東追于嘉福，奮擊于廣川，（四岐）又奔之安寧從化，（青沔）大敗之于埬纏不撓。（四岐）賊黨遠遁，公駐節于青林、桐溪亭，使衞汪、衞和分設屯守，及諸鎭要處，各設守禦。自是民稍蘇息矣。先是東洋有天險曰「潭洪」，屬萬寧州，觀瀾匪渠，（觀瀾，社名，故號觀瀾賊）嘯聚其徒，倚爲巢穴。刼掠南北商船累年，海路爲之梗。廣東總督不能擒制，屢移書于安廣鎭守，期以幷力會剿，連年不克。公東巡洋回，遣屬將榮壽侯，前往習戰檻于萬寧州，聲言進剿，使北人知會。公密遣舟師由題詩山，（俗號排詩山）出白龍尾，直抵潭洪，襲擊擒其渠帥，與賊黨夥七人，檻送上都。因乘海馬與龍門官相見，有北客見而異之，曰：「公大才生小邦，正人事閏位。」嘆息久之，北閫帥以事轉達天朝，天子嘉其靜邊寧海，南國有人，命人齎賜冠帶，并錦繡百朋，金銀十兩。加封尙書爵秩。（故後號「兩國尙書」。）

公奉命旋師，陞兵部尙書，爵海郡公（時公年三十六。）賜金牌銀牌數十，錦袍兜鍪各一，宴于澤閣亭。適聞南下鎭守信忠侯，防禦使湖忠伯，連章具陳絺娀侵掠神溪、青蘭諸縣，事勢緊急。公奉上諭，以山南財賦之地，宜速進兵，以圖攻守之計。公卽日兼行，直抵御天縣，時方與曄公籌畫戎務，賊兵猝至圍之。曄公憂形于色，一夜頭髮盡白，公卽命諸軍布陣，叢矟向敵，隨立土壘，於陣中爲檄，號召將佐來會，賊忽射倒捧硯小卒，公令他卒代之，指畫自如，賊不敢近，圍遂解。乃調撥諸道兵馬，大破賊于洊溪河（附翼縣），追至瓊瑰之安衞，（卽巴趨市）圍之數重，賊設庭燎，聲言向夜放火而出。會日暮，賊忽摧倒庭燎，縱馬而出，無敢當其鋒者。獨公一支兵，賊不敢犯，公提兵追至希門，（屬瓊瑰縣）大破之。賊潛遁，忽見上路按鎭官黃忠侯、協鎭守延壽侯連報逆密僞太保甲郡，僞統制潘郡，剽掠青廉、平陸、維先，烽火通于望瀛（今改豐盈）、天本。公奉命夜渡潢江，經南昌直抵平陸，破之於陰山，逼之於陽市，奔之於馬腦，敗之於香兒。旬日之間，累戰累勝，皇王聞之，嘉賞。

時鯑賊知官軍有事於南上，遂乘虛刼掠永賴、先明、安老、宜陽諸縣，東路騷然。上特召命公進討，乃自平陸抵泊河，直下留江，夜截破于珧翼津（太平府），復破之於金海口，進攝于安廣之鶴洞（華封縣），乘勢長驅，大獲全勝。鯑賊宵遁。己巳年，舟師東歸，由六頭江下，過炭山之珂場鄭舍江次，記憶從前此地有本府文廟在焉。曰：「昔有今無，胡爲其然也。」召耆宿問之，皆言「文廟自陳太師營創，後經兵火，有匪渠者，因其頹而取之。」公卽遣兵拿獲斬于鄂東市，（匪以銀三百兩賄于允迪，求贈不得。）乃出錢千餘貫崇修之，以其兄允迪董其役。（庚午春起工，辛未秋工竣。）時鯑賊潛往義安與逆筵合夥，出沒驩愛間，勢甚猖獗。公奉命進剿，一戰而香攬焚巢，（屬南塘縣）再戰而白塘失險，夜襲于矽埋，大破于泡江（屬東城縣）。公率屬將珍郡爲前鋒（珍、神溪赤壁人。），炎郡領後軍（炎、眞定博澤人。），追鯑賊至瓊瑠，經過黃梅，公知賊黨途窮，必潛伏此山中。乃傳令前爲後，後爲前，四面盤繞山麓下。鯑勢迫無走去處，乃向軍前降，鯑與珍郡有舊，不意前軍乃炎郡也，檻送京師，公振旅而還。奉陞三次，加少保，封揚武宣力功臣，加惠祿民十二社，世業田一百五十畝。

景興十二年辛未，奉差鎭守義安兼布政州，督率鎭寧軍營。三月赴鎭，林門桂戶諸稅悉予之。是年八月，上特遣使齋御題問以平治之規，當革當行之事，公陳二十條，上大嘉獎諭。壬申年，公視師南陲，布政州山安社控訴先陵社强爭田界事。公於象頭斷訟，（見皇越文選）二百餘年之曲直是非，一言而決。

癸酉年府中無事，公制大鼓二，（一銘曰：「昭陽作噩年制在義安處，腰潤三尺餘，聲聞千里許，壬申年季秋制在義安處，香山缺林木，空心而全體。」）一日，公視事于府堂，忽有大蛇自外而入，軍士將擊之，公曰：「且勿擊，徐觀何如？」蛇乃盤繞座端，循公衣領而上，公拱手不動，頃之復下。遣一卒尾之，則入半月湖去矣。公愀然，（默會其有來迎之意）乃遍往地轄慰撫居民，敎以安業。所至民歡喜不自勝，惟恐公之去也。一日，公臥帳中，夜半忽大呼一聲曰：「唯」聲聞于外，人驚問故。公徐答曰：「帝命召我矣。」衆愕然，明年甲戌正月朔，公與督視尙書陳相公，（富家人）具朝服於正堂前北面，望拜，禮訖，公就寢。飄然而逝，時年四十一，景興十五年也。官屬將佐，以及軍民，莫不悲慟。訃聞，皇上驚，哭之慟，特頒錦羅各色百數，錢五千貫，舟師護送，歸葬于本鄉。欽差尙書汝廷瓚、（穫澤人）尙書阮儼，（仙田人）往卜佳城，以寧厝之。欽差尙書陳璟（滇池人）諭祭。鄭王特差尙書阮公審（舍縷人）慰祭。上特書「撫民剿寇，固本安邊，愛國忠君，完名高節。」（十六字）于縑幅贈之。加贈太保，賜謚雄偉，褒封上等福神。

公長子朝列大夫，二十六壬午年科中鄉貢。年三十二改授武職，管左寧奇提，領四城都督左都督。四十六壬寅年安廣處鎭守。五十一丁未年海陽處鎭守，封東岸侯，是年卒于官。紹統二年，贈封東郡公。次子弘信大夫，崇文館儒生，特頒中尉管善小隊侯爵。

補遺

按人物編略云：

公炭山輕徭人。素有大志，同輩中咸重其大才。未第時，嘗作北門鎖鑰賦，有云：「何故不在中書，調鼎任商衡之重；却乃遠臨沙塞，折衝當漢闔之勞。」後公仕途履歷，如合符券。登乙未科

進士。（永祐）

景興初，討逆遽功，陞工部右侍郎。遽餘黨阮求勢復猖獗，官軍屢爲所敗。詔加曄郡公黃五福督水步諸營東伐，廷重爲行軍參謀，公率水師從海道襲擊逆求，大破之。加副都御史。賊退保塗山，曄郡督大兵追之，公相機決戰，求走昌江，諒江府路爲之騷動。詔加廷重贊理軍務，督大兵渡江進剿，既至昌江分擊，求復東走，擒其黨以歸，御書文武全才賜之，加東北山南等道統領。公乘勝語諸將曰：「逐寇如追逃，今其時也。」統大兵追擊之，賊兵大敗，陞戶部左侍郎。未幾，遇賊于廣川，戰失利，降兵部左侍郎。

時逆求屢挫，憚公將才，潛使人掘公父墳投之江，公深恨之，進討益力，求勢窮促，使人乞降。朝廷厭兵，許之。會安廣盜起，刼殺龍門水師糧官，兩廣總督盤詰萬寧州守，責拿犯人。朝廷方慮內訌，不欲開邊事，因命公兼廣安留守，隨宜料理。公至，獲其黨與盜贓，解送內地。御書賜之云：「燕京譽望，壯予南國有人。」尋復遣使奬勞之曰：「一隊官兵，能兼制海安，令行禁止，盜息民安，允是牧民禦衆之才。」陞吏部左侍郎，統領如故。」時所在盜梗，阮芳據玉佩，陷宣太諸州縣。鄭主自將親征，維穛竊知京城守備單虛，自天關路，進侵青廉、平陸破眞寧官庫，烽火通于望瀛、天本，南方大擾。公得信，卽督所部兵，渡潢江，經南昌，抵平陸，出其不意，大破之。上馳書諭云：「憂民爲國之誠，趨事赴功之敏，無以踰卿。」穛兵退，公卽抽兵東下，求內悼公不相容，復稱兵作亂，連陷建昌諸縣。（當求效順，朝廷使行人阮茂類齎諭旨，令出兵合討黃公讚。行人至公軍，公語之曰：「汝第往，數四日中有可出兵機會，吾亦汝惜也，慎之。」顥至賊營，具告。無何，公果率兵進圍，賊放之歸朝，反志始決。）

先是，公惡東南民，易於驅煽，所至縣邑，縱部曲抄掠，不問脅從。民轉相語曰：「寧遇賊兵，不寧遇官軍。」至是蜂擁從賊，勢復大振。公將兵討之，求敗走，公追之，求走義安，後生擒以歸。

又云：公爲人剛直慷慨，在政府時，郡公阮世佳居中用事，在朝無所忌憚，獨畏重公。會試場，公爲監試官，（即今主考。）世佳赴試，（黎朝官雖極而未中進士者，猶許入試。）直入官蘆索卷觀之，把門吏不敢抗，公正色極罵之，世佳大慚沮。自後不復入試。公子廷儀以鄉中蔭，累陞副提領務，遷海陽鎭守，封東岸侯。居事頗事聲妓，得謗，左遷管左寧，屬鎭驩州。册曰：「特地英豪，炭山輕徭。四海風塵，投筆提刀。忠孝兩全，公枕乃高。遺恨一腔，烏哩哀惱❻。」尋卒于官。

賀本縣輕搖范貴侯登進士第，家門榮盛敍：

進士一科，從古所貴。有比之攀月桂，有謂之登瀛州，有名之爲將相科，有號之爲龍虎榜。世之業爲士儒者，富貴榮華，此其途也。東郡范貴侯登進士第，今其富貴榮華矣。談者爭道：「富貴皆由命，榮華各有時。侯之所以有今日，命也時也。」誠哉是言也。然非祖宗德澤之深，福履之厚，何能生得些好命，逢得些好節，而有此富貴，有此榮華者哉！古詩曰：「祖父一心修令德，子孫累世到公卿。」於今驗矣。

侯六世祖福基公開拓于壽昌之復古，而經營福址，培築仁基，預種將來之慶；祖妣慈惠，其中饋也儉，勤勞孝敬，而流美孔長。五世祖正心公光大于炭山之輕徭，而經始神祠，丹青佛寺，長留必世之仁。祖妣陶氏其內助也，靜一端莊，而垂芳愈遠。高祖考純樸公潛心學業，秋圍捷報於長安，而科目開先，詩書之澤，於是乎疏矣，與之斟和酌讓者。祖妣鄭氏忠厚傳家，而福貽子姓。

曾祖考福醬公致意田功，春作力勤於農圃，而鎡基示後，倉箱之積，於是乎厚矣，與之耕仁耨義者。祖妣范氏，寬和植德，而慶衍雲仍。顯祖考質諒公質任自然，的是人中佛，牽絲于杜氏，乃本鄉國子監生杜貴公之愛女也。閫門肅穆，而積德彌深，規瓦木以修本土之祠，發貲財以度鄉人之急，此陰德之積累處也。故其材邑追思，歲時祇薦，陰德而陽報，其斯之謂歟！外祖父段宗公，神清泰若，眞爲世上仙，結緒于阮氏，乃本鄉本府府生阮貴公之令愛也，家室諧和，而行仁彌篤，給妙劑以療參汾之崇，施私田以營祠宇之基，卽善端之發見處也。故其星婺交輝，芝蘭並茂，爲善者獲福，不其然乎？顯考本府府生輝暎公，地步寬洪，天資俊爽，謝一犂之春雨，馳馬儒林，撤三日之秋圍，登名學館，素業重恢於先緒，陰功增賁於前人，匍匐救民喪，喜捨不倦；藝能皆已有，好善無窮。賓朋稱助麥堯夫，鄉黨仰宓芻僧子，熊虺協言，蘭桂騰芳，經史是良田，詩禮卽趨庭之寶訓，義方爲家敎，文章斯足食之生涯。公於此時，已有「兒郎必做，後嗣其興」之望矣。親母段氏，坤貞恪度，巽順攸恒，言行工容，四全婦德，中和純實，一謹母儀，友善親賢相夫迪鷄鳴之訓，助勤作怠；敎子和熊膽之風範，馬帳箴規。片言九鼎，螢窻儆策，一語千金，綽然有畫蘆斷杼之高風焉。源深者流長，本固者葉茂，古云：「仁者有後」，經云：「積善餘慶」，乃必然之理也。

貴侯天上玉麟麒，人中金鸑鷟，丰姿則錦峯繡嶺，嶮屹千層；器宇則玉海珠淵，汪洋萬派。爲兒戲日，蒿弓竹馬，淡意遊觀，班管玉蟾注情玩弄，儼然一奇童英物也。年八歲，啓蒙于嚴侍，正魚辨豕，訂頑砭愚，口授心傳，而貫通詩律，頭角已嶄然露矣。識者知其不凡，或指之曰：「此兒瑰瑋奇特，定當撞破煙樓。」十一歲，受業于親舅段校生，刮垢磨光，咀華嚼實，心領神會，而馳驟詞坦，骨格已卓然異矣。見者知其必貴，或奇之曰：「此子穎悟非常，必能做成宰相。」十三歲，見推于亞等，將收韋肇之功，第三場猶讓於老成，竟勵許昇之志。十四歲，學于國子監監生永賴蓬萊黎先生，闡秘發微，溯流窮委，而深探理藪之正傳。十五歲，學于儒學訓導安定河都鄭先生，薰香摘艷，戞玉敲金，而默契詞林之精蘊，才思日進，聲價日高。十八歲，鼓篋于當朝甲辰科進士東閣校書御天汝水同尊師席坐上之春風，而筆下珠璣，舌端河漢。十九歲，攝衣于當朝甲辰科進士翰林院侍書錦江丹場阮尊師，霑教中之時雨，而筆翻秋露，藻掞春花，山林氣味，冰判雪消。館閣墨繩，日精月熟，瑰琦萬狀，機杼一家。詞藻雄渾，傾河倒峽，文章贍麗，繡虎雕龍。其所蓄積若是，則其發為道德、為科舉、為事業之文，特分內事耳。

歲壬子小比科，鳳詔觀文，鵬程奮翼，一舉連登四榜，馳譽鄉圍，六堂屬籍監生，斐名國學，處囊之錐，必然脫潁；斷鯨之刄，先已發硎，不負此鋒銳矣。二十一歲，復立雪于當朝癸丑科進士慈廉雲耕陳尊師(諱賢)之門，道受眞銓，文傳正印。實其所未實，熟其所未熟，足其所未足，圓其所未圓。琱弓得檠而益調，寶劍獲龍而愈利。筆辨小人君子，韓范風棱；聲聞節屋神京，歐蘇聞望。一門學者，翹楚見推，而文陣雄師，夫子亦以臺閣文章許之矣。時有特進金紫榮祿大夫通政使司通政使調海子，乃唐豪陽調(社名)第一流人。館于其家，俾之肄業，布赤反以供不律陶泓之用，發紫標以為玄香側理之資。玉爨金炊，待之甚歘也。牙籤玉軸，予之不吝也。恩情之至，不啻如常何之客馬周，居正之禮范鎮。貴侯於此日，惟知其功名指日，香火有緣，無負名賢知顧，以答累年資養之功。雖丙辰少蹶驥途，而太乙重燃藜火，貫繩舊習，遊刄新知，以五典為琴箏，以三墳為金玉，以六經為鼓吹，以百家為笙簧，納石渠、天祿于胸中，驅灔澦、瞿塘于硯底，倒翻滄海，弄明月之驪珠，橫絕銀河，織天孫之雲錦；斐然如蛟龍躍，蔚然如鸞鳳翔，愈出愈奇；百發百中，如炊而熟，如種而收，如射而中，如獵而獲，莫不各副其本心焉。人聚首皆曰：「取青紫奪錦標，迨其今矣。」

今聖天子躬握乾符，道隆泰運，恢張政治，作養人才，己未春開周比以興賢，設宋科而求俊。侯年二十六也，輕如錦囊，潛披腹藁，青錢文應選，擲地有聲；赤虹氣凌雲，冲天無架；便合朱衣之一點，聯題墨榜之群仙；乘風而帆勢益張，得路而馬蹄愈迅。丹墀揮毫，牘奏萬言；金殿傳臚，名題三甲。絢五色彩雲之瑞，來九庖儀鳳之休。一時稱科目得人，九重喜英雄入彀。紫泥報捷，紅燄承恩，幞冠銀花，藍袍香帶，章身者美也。瓊林玉液，丹陛管韶，賞心者樂也。斯時兮釋褐而錦衣，離蔬而粱肉，大丈夫當如是矣。

既而楓庭拜謝，梓里榮還，亭亭之花蓋檠天，旆旆之旌旗耀日；參拜之客，遠近高低，迎接之夫，前後左右。花衢柳陌，飄馥郁之奇香，甲第高門，盎氤氳之瑞氣。鄉閭生色，門戶增光。杯泛瓊酥，黍稷薦奉先之禮；盤登珍膳，櫻桃供燒尾之歡。滿座森勝友高朋，一團樂內親外姓。蘭香而菊茂，夫貴而妻榮。內子劉氏乃本社青波縣丞劉尊台之第四女也，玉質冰姿，仁簪義珥。梁妻舉案，閨門之禮弗違，樂婦斷機，燈火之功多助。

曩者既符於占鳳，今焉更喜於乘龍。其所生令郎也，天麟挺異，月魄初生，雖尙穉年，己卜充閭之慶，非所謂蘭之芽、竹之筍、龍之駒、鳳之雛者耶？妻子同榮，兄弟交喜。監生允迪其金昆也，喜季方之先達，而有韓桐並秀之奇。生徒允治、允濟其玉友也，喜大宋之先登，而有竇桂聯芳之望。親姊嫁于鄭氏，覩儀伏之儼然者，曰：「吾弟也，且喜其贈衣餽餉，初年之辛苦獲償。」親妹嬪于黎家，目手度之飄然者，曰：「吾兄也，且喜其裹飯縫裳，平昔之勳勞不負。」叔父從父，向曾爲之訓誨者，今曰：「吾家有龍文也。」次舅叔舅，向曾與之麗澤者，今曰：「吾家有麒驥也。」其歡忻宣暢，雖宮商相宣，律呂諧和，何足以方其樂哉！古云：「一子受皇恩，全家食天祿。」又云：「一人作福千人蔭，獨樹開花萬樹香。」誠非虛語也。

遡觀貴侯之科名若此，榮盛又如此，蓋隱然有方興未艾之象。四海九州之人，望餘光者，仰風表者，尚有携手彈冠之慶，而況於鄉情乎？本縣文會等私相語曰：「我縣從來由進士而獵取卿相者，恆不乏人。自左侍郎松嶺侯之後，無聞者已百餘年矣。我朝光祿寺卿陳貴侯以辛丑登進士成名，固在於青林發迹，實由於黎舍，蓋亦地氣之所生，而斯文振作，此其萌芽也。今貴侯以高第雄文，少年登榜，踵先賢之事業，爲後學之表儀。科甲勳名，光前耀後，吾輩於此，而不伸賀，豈松茂栢悅之謂耶？」乃共於余，徵文以賀，且袖手出譜系捧呈，余啓視之，范家功德肇培，知貴侯掇科甲，良不偶也。因喜而成之，且語諸公曰：「余於貴侯，儀契金蘭，情深膠漆。向者秋闈並舉，旣孚握手之歡；今而春榜繼登，重敍對樓之約。行且陛庭接武，廊廟比肩，而二龍並躍，兩鳳齊飛，已必然於當日。其欣幸之情，視諸公蓓蓰矣。寧敢以對班弄斧、向廚言香爲辭，而不爲之褒揚贊美，以寓規儆期望之意乎。夫科名事業，乃君子進身之梯階；而中正廉平，尤君子行己之大節。今日吾侯席祖宗福蔭，加學問工夫，令聞夙騰，危科早擢，此乃理之當然，奚俟言哉！惟願正以持身，忠而事上，運經綸之手段，豁平治之規模。爲布帛菽粟，以濟民生；爲參朮芪苓，以壽國脈；爲驊騮騄駬、以任重道遠；爲麒麟鳳凰、以瑞世儀朝；爲梓楠梗楠、而棟樑之材壯；爲璠璠瑚璉、而廟堂之器尊。使君爲堯舜之君，世挽唐虞之世，泰山磐石，國勢奠安，偉績豐功，斗南輝曜。庶不負所學，不愧科名，不孤降任，而臣人之事畢矣。將見鍾鼎勒元勳，軒裳榮故里，桓圭赤舄，顯及祖宗；鐵劵丹書，慶流苗裔，科名爵祿，奕世而無窮矣，顧不韙歟。」諸名公咸以爲然，遂書于縑緗之軸，以賀云。

永祐五年夏月穀日青林、仁里尙書阮世楷撰。

重修荊門府文廟碑銘（并序）

大哉聖人，道德配乾坤，文章輝河漢，繼往開來，師表萬世。上自帝王，下至士庶，稽首肅容，瞻奉致敬。覃及海外，高麗、琉璃（球）、日本之地，亦皆清廷穆廟，薦潔告虔。

我南國地接中華，古稱文獻，前代李、陳二朝，立國學，設像祀，將事惟謹，顧廟宇盛于京師，而州路未立。本朝順天紹平間，始命營鎭路崇建廟殿，樽俎之儀，歲以春秋二丁，府縣校官備禮拜謁。自是庠序滿天下，而士自一命以上，皆得肅冠紳，捧俎豆，以瞻仰粹穆之容。道京而東，其府曰荊門，奉事廟宇，舊在炭山之河場，從來學校雲蒸，爲東路一大文會。庚申辛酉年，寇孽阻江，廟燼於火，惟基址存焉，湫隘塵囂，數更寒暑，歲已己，太保海郡公范相公視師東道，經過地方，一望肅然，不覺動燕麥兎葵之感。數間茅屋，不蔽風霜，問之，知其爲家兄知府允迪之所草創，凡百禮儀，力猶未辨，喟然曰：「敎基將墜，無以達聖神，昭人文，能興其廢，是責在吾。」乃議重加修飾，屬其役於兄允迪及門下知縣楊桂、出身衞尉義嶺伯阮廷煥、出身衞尉阮仲演等，造作祀廟二連，連五間。蓋以碧瓦，繚以周墻，宮庭宏敞，門觀尊嚴。神座靜深，祭器偉麗，樽俎之藏，几席之設，無一不備。起工於庚午三月春，告成于今年辛未秋，爲錢蓋一千貫，不資於人，不取於民，不煩諸有司。而事以時就，制度森嚴，比前日不知幾倍。時公鎭義安，允迪以事成馳報，公喜卽遣人以書走回京師，謀某記之，某得書三復肅然，起而嘆曰：「吾道在天地間，如一元之氣，周流磅礴，未始一日不存。世雖有興衰，而道不與之通塞。歷觀夫子廟庭，子厚建于柳州，歐公建于襄州，劉公建于鹽城縣，皆因衰亂之後，葺舊興新。蓋天未喪斯文，必生一代之英，以主張乎斯道。

曩者賊徒煽亂，諸路庠序，半爲灰殘。范公以蓋世之才，兼將相之任，樽俎折衝，威伸萬里。東擒僞遽，西捉賊伍，北驅逆質，南俘有求，顧指之間，邊塵清蕩，材望彰于遠邇，穀價振于華夷。逆賊甫平，又以一念恭誠，對越闕里，肇禋周禮，模範魯堂，首建聖祠爲諸路唱，使十年久廢之墳典，一旦更新，歲時舍菜，紳襟瞻謁。泰山梁木，儼然在前，起莊肅之心，成進修之德。上以稱 聖上追崇之意，下有以爲人才觀感之天，斯萬年❼立教之基，垂之有永。然則天生范公，非特爲國家靖難，而且爲萬世闡文明也。詩云：「文武吉甫，萬邦爲憲」，公以縉紳之才，寇孽未平，則以身爲天下安危；寇孽既平，則以身爲斯文權衡。信矣乎能文能武，爲斯民之所法則，乃其耆武之績，既已勒彝鼎而紀旂常，則其闡文之功，獨不可樹貞珉而銘琬琰也耶？

公輕傜人也，以文登進士，不周紀而尙書，上將當非常之任，建不世之功，要非章句之儒所能及者。斯廟也，去公閭不遠，千載之下，登斯廟，目斯碑，當就公閭一式。某故先敍其事記之，且敬銘以詔後之學者。銘曰：

大哉夫子，萬世宗師。普天之下，煙祀維寅。緊我南國，追尊聖像清廟峩峩，以將以享。惟海之陽，厥有崇宮；既燼于火，亦頹其墉。卓彼范公，將相之器，征言徂東，顧瞻舊址。喟然曰噫，是可恝諸，弗宮弗室，於義何居。乃出俸金，乃鳩徒役，萃此良材，增其式廓。經之營之，再歲而成，翼翼重簷，穆穆清庭。祗奉 聖容，左右列配，曰春曰秋，虔恭瞻拜。聖神在天，幾時來臨，我不敢知，祗誠一心。百爾君子，於我其力，喬泰在斯，爾儀爾式。猗歟我公，克壯其猷，說禮敦詩，君子之儒。瑚簋甲兵，眞才實學，兩以兼之，一何卓卓。樹此貞珉，吾道之光，告于百代，不愆不忘。

景興十二年十月十二日，豎于廟前之左。

賜辛丑科第二甲進士應制合格，特進金紫榮祿大夫戶部左侍郎午亭侯阮舒軒敬撰。
賜辛亥科第三甲同進士，特進金紫榮祿大夫，兵部右侍郎，紬嶺侯，陳謙齋謹潤。

附象頭斷訟記

辛未年公奉命北鎮，嘗於近民亭問民疾苦。一日見一老人，年八十餘，口著草，手檠單，傴僂亭堵之下。問之，言老的布政州安山社民，控單原被傍近先陵社强爭田界事因，且泣且訴，辭情悲切❽，聞者感慨。余亦不能爲情，卽差張三李二拘被鳴社就查，迨彼陳由，則又援引證據，某溪爲昆市，某嶺爲嵩庵，某處爲注沉，某田爲乖鑊。且云：「前此舊任州官，曾經分解，縱橫四右，遺跡宛然。」既而拘集于庭，聽其辭則虞芮相爭，是非莫辨，繼又差人踏勘，按其圖則山溪曲徑，描寫難眞。余亦心疑，秋以徂冬，未決。

壬申春，余視師南陲，料理邊事，偶經其地，記其事，卽喚象奴，使象陟彼高岡。左顧梟巠，儼儼矗矗；右瞻水域，鬱鬱蒼蒼。南盼箏之水，水藍青；東望沙之山，山雪白。凝眸四顧，收盡布政江山，卽景生情，朗吟詩曰：橫山天一握，南海水千重云云，吟畢，因俯察先陵、安山二社地形，身親見之，豁然如有所得。

時兩造數十人，羅拜象頭之左，余一一指問，此非是嵩庵寺之山乎？此非是昆市溪之水乎乎？此又非爾等所爭之處者乎？衆曰：「唯」。獨先陵社數刁爭辨不已，諄諄然以「寺」與「石」爲言，余曉之曰：「汝可謂敝民矣，寺可廢也，山其可移乎？石可轉也，溪其可變乎？你觀沿山一帶，從西北來，經擺僕抵嵩公，接嵩高連至嵩庵而止，山止而溪，溪之東一頃間田，不是注沉處耶？溪盡而河，河之北一條大路，不是乖鑊處耶？再者須知古簿，安山田畔西至庵寺，南界中溪，昭昭然山嶺別東西，溪心分上下。之西之上，爲先陵地分，之東之上，卽是安山。二百年前，憲司官已經斷論，陳迹依然，爾乃偏起邪心，以强陵弱，故違論迹，妄啓爭端，卽侵鄰之罪彌彰，而徙石之奸頑可惡，是何理也，汝知罪乎？」先陵社人面面相覷如土，如癡如啞，眞所謂無情者不得盡其辭也。卽治其刁者數人，餘皆此退。尋命安山社投石于江，且戒以嗣後爾等，毋得相爭鄰畔，自有山溪爲界。衆皆悅服，因錄其事，以示將來。

時景興十三年歲在壬申春三之日，賜乙未科三甲同進士，特進金紫榮祿大夫，揚武宣力功臣，兵部尙書，太子少保，鎭守義安兼布政督率寧鎭軍營上柱國海郡公范公斷記。

皇帝諭祭文（濵池進士尙書陳公璟撰）

曰國家於勳舊之臣，生則爵祿之，死則慰吊之。所以存厚道而彰恤典也。追惟公文雅起家，忠勤體國，甲胄總詩書之器，事業備邊陲，茀苻皆道德之謀，功名垂帶礪，南服方賚於翰屏，天津忽騎於尾翼。乍爾訃音，殊深哀悼，特命官諭祭，公其享之。

鄭王㭎祭文（金縷進士尙書阮公寀撰）

曰橫山可以磨刀，羅河可以洗甲，山河長在，而公今何在乎？此昔人所以聞鼓鼙之聲，則思邊將之臣，而于予心之所深慨也。追惟公一身義氣，萬甲胸中，十餘年冒雪衝霜，耿耿丹心，靡辭矢石。經百戰摧山破浪，彰彰紅烈，可紀縑緗，千鍾之優渥未酬，萬里之馳驅彌篤。每謂長城重寄，方期聲壯於唐臣；胡然五大遙屯，忽報燈殘於漢將。細柳之軒門猶昨，前茅之軍令茫然。予方懷采芑之思，公忍負及瓜之約，想公之雄風凜烈，賊氣猶寒；慨公之忠義激昂，天心永鑒。

特命官慰祭，嗚呼！君臣大義，萬古長存。

陳公祭文

（陳公名寀，嘉平寶篆人進士。時相公爲義安督率，陳公爲義安督視，相公死，陳公悲感，撰文以祭之。）

嗚呼相公，何以死爲？國家倚之爲柱石，朝着視之爲羽儀；蒼生仰之爲霖雨；方鎭視之爲藩籬。一身攸係，乃唐裴度而宋韓琦。蓋公之德度，足以鎭服群心，而爲出群之鳳鶴；公之才智，足以折衝萬里，而爲料敵之蓍龜。其器宇則如萬丈金山，莫能緣陟；其胸次則如千尋玉海，難得測窺。雲程發軔，從事牙旗；妙攄神算，俘賊以歸。既而殄水掍擢草寇，平南檄靜東維，活擒首惡，到處平夷，此皆武功一試，未足以盡公操蘊之奇。故未四十而尙書，在人爲早，在公則爲遲；以儒冠而督率，在人爲異，在公則爲宜。

即今名望顯著，朝野咸推。驩演之民，恐其早於朝也，詣佛以期祈；東南之民，恐其久於邊也，跂足而思。逋寇未除，人望公以撲剿；時政有缺，人望公以整釐。淹滯者思得公以振起；彫殘者思得公以豐肥。雖其平定勳名，既已紀旂常而銘鼎彝；乃於經綸事業，猶未勒金石而播聲詩。此臣責未盡塞，相公非可死之時。奈之何黃粱一夢，病不及醫，朝廷無遺表，僚友無遺託，妻子無遺囑，飄然遠逝，忽不知其何之。豈其桓圭袞裳，榮不足慕；高牙大纛，貴不足縻。厭世混濁，不復事於驅馳，將民之無祿，而天莫肯遺，九重聞之而哀悼，百姓聞之而驚疑，至如服公之威，荷公之德，與受公之器使者，莫不環聚對泣，涕泗漣洏。顧余魯鈍，濫贊戎機，三年同幹，有若飲醉醇醪，而契針鎡。方望京而同拜，忽分袂以長辭，悠悠情緒，有誰與知。嗚呼！橫山雲暗，盎海風吹，相公此去，草木同悲。途中一奠，上爲天下慟，下以哭吾私，嗚呼痛哉。

按：此文多倣蘇東坡祭韓魏公文。

【校勘記】

❶此段原爲字喃：「𡗶極𦓅坦極𦓅猷湖對廟文命些。」
❷「上」字下衍「□上」二字。
❸原作喃字「各郡公凡俞」。
❹原作喃字「茄朝」，「茄」義爲家。
❺原作喃字「尚排詩」。
❻原作喃字「牢」。
❼「斯萬年」原作「萬斯年」，今以文意不順而臆改。
❽原作喃字「助市」。

【一二】刑部尚書贈少保河郡公黎相公年譜

公諱原，名富庶，號竹庵，後改仲庶。其先京北東岸人也，姓李，避亂徙居山南青蘭（今改青關縣）之渭陽。黎光興年間，祖福善公年六歲，隨曾祖來延河；黎直性公養以爲子，後乃從養父姓，因家焉。父福履公少通達，中生徒，蔭贈兵部右侍郎。福善蔭贈東閣大學士，母贈正夫人。范氏延福社人，生二男，公其次也。以黎朝正和十七年甲戌正月十三日壬辰時生。公頴悟夙成，讀書經目成誦，有神童名，家貧而勤於學，日夜獨孳孳焉。十八歲中生徒。十九歲丁父憂，以至孝聞。師事探花武先生，（諱眡。）博通群書，文藝該洽，甚爲先生所重。嘗對諸生稱述，遂以文章名天下。（游國學及課習各場，每見發策題，卽暗記而歸，後始精寫，行文累預優項。）二十七歲中鄉舉，補國子監監生。保泰五年甲辰，公年三十一，會試中第四名，庭試賜第三甲同進士出身，授刑科給事中。七年充海陽處鄉試場覆考。八年丁未陞翰林院校討，入侍講，剖析疑義，進退詳雅，上嘉之。

時參從朔郡公阮公沆（東岸扶軫人）執政，升黜群材，人爭造之，公不肯趨媚。永慶二年，陞海陽道按察御史，公居言職，多所陳說，朔郡公曰：「陳言可以語下，不可以語上。」公上疏以爲「此乃沮忠諫之言，實非開敢諫之路，乞令諸臣，自今君德修廢，人臣邪正，時事得失，生民休戚，並得極言無隱，以開言路，不使執政親預其事，則政事修治。」疏入，朔郡公大怒。三年辛亥上疏六條，極言時政得失，多忤執政意，罷歸田里。以讀書訓子自娛，而剛直之聲振天下。居屋數間，僅庇風雨，而論道講學怡如也，遠近從學者甚衆。

永祐五年己未群小竊弄威福，大臣斥遣無虛日，天下囂然，盜賊蜂起。庚申景興初元正月，賊犯廷河，公率鄉人家童擊却之，奉召詣京，復以爲監察御史，尋陞翰林院待制。（是年公年四十七）時四方多警，官軍進討，調度煩費，上疏乞糴粟以供軍餉，力農以充軍糧，禁屯兵苛擾以通商賈。皆從之，命添差府僚。時國家多事，公與參從鏡郡公阮忠懲、朗郡公武公宰直宿府中，日夕商確（榷）政事，內侍帷幄，外籌軍國。旬日之間，衆務就緒。其秋，奉差訪察山南處，月餘還朝，言銀笳賊沒南眞、膠水、上元、大安各縣，而副督領欵忠侯堅守招納，未嘗一出攻剿。恐坐費日月，師老財屈，天下將視此爲高下。蕞爾之地，猶不能平，況東方之梗賊乎？乞召欵忠侯回，命官併力夾攻，以平賊黨。十月鄭王出師，命公參從。鏡郡公阮貴懲居守巡徼回城，東賊阮蘧、阮選乘間，使其黨陳焱將兵直迫珥河，勢甚猖獗。時京城無兵，人情震駭，公獨枕臥。或問曰：「事勢如此，何恃不憂。」公曰：「聖上神武，將臣協和，非常之事，僕敢保其必無。」公與貴慭遣諸將按西門，盡出坊庸民丁，列河津爲守警，賊遂引去，京城晏帖。十二月奉差訪察山西處慰撫方民，疏陳用兵機宜。

二年辛酉正月命隨參從行機密事。是月，三府兵以求恩格不得，相率破鏡郡公家。事出倉卒，諸臣多疑懼，無敢入者。公聞報，卽馳詣于鄭王曰：「今外有勁敵，而士卒如此，殊可寒心。以臣之愚，須立早開諭，俾知法度，無緩來日，使彼更生他變。」鄭王曰：「善。」問誰可使者，曰：「臣請當之！」鄭王曰：「彼方不法，卿無懼乎？」曰：「臣退居田里，八九年餘，不求榮利，三軍諒亦知之，實無所懼。」鄭王乃命召參從耀堂侯陳璟草旨諭，內有「鏡郡公不知權徵」之句，公言：「人臣爲國守法，而有事動輒歸咎如此，則日後誰敢以天下爲己任者乎，願加再思。」鄭王卽命去此六字，欲差親兵衞從。公曰：「兵不可多，多則彼生疑矣，請單車往。」乃命與詠郡公鄧廷謐齎旨宣諭。諸軍見公，乃各散去，中外晏然。因諭內外管官，嚴飭士卒，幷查訊其爲首者戮之以徇，兵士大戢。

二月初置諫官命兼右正言，諭之曰：「昔在侍從，忠直着聞。今爲諫官，不負所寄。」公思才淺，不足以稱旨，退而上疏，略言先朝內閣議事：「先臣同存澤、阮貴德陪侍座側，商權❶政事，左右近習，不得預聞，中間堂陛敻隔，陪侍曾無面諭。施行出自內傳，頗未得同德協心之義，請遵先朝舊規，以通上意達下情。」又「舊制只置兵戶水三番，其中事權並在文臣。中間始置六番，兵民之政，專歸內臣，頗未合正大公平之體，請依先朝舊例，以杜私情、開公道。」上深褒賞，飛白答之曰：「覽卿各條，予心亦念及此，但爲冗事所縻，未遑宣布，今聞讜論，允契予懷。」有內臣倚太妃之門，爲人請託，公劾之，參從肇郡公阮輝潤以讒解職。公言「朝有老臣，所當倚重，請準如五老官例。」公性廉平，深練治體，吏有犯法，政有不便於民，及於名教有不足者，隨事糾正，多見信從。命入侍陪從，與參從朗郡公鏡郡公及喬郡公阮公寀輔政，夙夜劬勞，上亦推心委用。時以海陽未定，分爲上洪、下洪、東潮、安老四道，道置巡守叶同，綏撫居民，命侍從諸臣，各舉所知。公對曰：「范廷重昨與臣言，其人慷慨欲立功，且家居海陽，悉賊情形，請舉爲東潮叶同。」從之。未幾，范公擒逆蘧於臥雲山，諸臣入賀。上嘉其知人，迨論功照賞格，當陞三品。時臣以廷重初登策，未三年以校討而驟陞三品，頗難之。公曰：「信者國之寶，且人有功，如何可抑。」遂陞廷重爲工部右侍郎。故尚書鄭穗以逆給連累，始奉赦出，授從四品祭酒間注。公言其無以責來效，乞準許奉侍。故相朔郡公得罪於宣光，不得歸葬，公屢以爲言，後四年得復承政使，許歸葬。六月知戶番行僉都御史，陪從右正言，並如故。時上嘗命貴迎內臣入侍釣魚，公以爲言，不聽，又進諫以爲「臨政之初，憂勤庶務，而無侈靡之娛，無遊觀之好，南征北伐，不憚煩勞。今群盜略平，而遽肆欲樂，與初心有異。恐巧於取中者，因爲逢迎之說，以媒富貴，一售其言，則勤勵之心，愈不如前矣。願于萬幾之暇，旁觀古史，洞察興衰，日召大臣論論治道，則善無得而稱之矣。」十月鄭王命迎佛像入于府中之文園堂，設齋誦經。公言「天下始經兵火之餘，四鎮之民，貧餒已甚者，一千五百餘社，未甚者一千九百餘社。府庫所入，太減於昔時，國用兵餉，所費不貲。加以齋壇常設，能無妄費乎？伏願謹存養於寸心，鑒是非於前代今請迎置佛像于報天寺，每朔望量頒官錢，只使焚香供養而已。如是，則不惟省費，而又以斷天下之疑，解後人之惑。」

尋奉差招撫舒池、眞定、武仙等縣，招回流散，分兵屯田。又奉差兼建昌府勸課，使時飢荒之後，百姓流移，斗米數百錢，現存遺民，每社多者六七人，少者四五人，生計蕭條。公巡行勞來，極救貧乏，召募佃人，開懇荒田，給以資本，自是流民稍稍回復。

三年壬戌，命置銅甕，聽天下士民，有密陳官司廉汚者，投其中，五日一以聞。公疏諫以爲「後世人心不古，毀譽好惡，未必盡公。今以一德，臨照百官，群臣邪正，必昭然於洞燭之下。如欲博詢旁訪，分別賢否，所當敷言試事，考實驗公功，不宜開告密之門，滋訐比之僻。」從之。召入對，公乃言人君當防未萌之欲，因獻防微、納誨二箴，又陳時政機宜。上嘉其有諫臣風采，賜銀二十兩，絹二十疋，陞東閣校書，賜爵延澤伯，奉差往督理維先堤路。是縣堤役吏緣爲奸，民被其害，公擇富戶之可用者，勸使出錢，雇人築作，民力得紓，而工役堅緻，爲諸縣最。奉差覆勘山南處下道下田搜括隱漏，勝舊數二千餘畝，賞官田十畝。四月，公疏陳四鎮凋殘之狀，又陳兵民財事宜。未幾，奉差海陽水道監軍兼參謀，叶與統領耀郡公陳璟討鰷賊，時寧舍賊雖平，盜賊在在蜂起，而鰷賊尤劇。公旣至軍，申嚴約束，激勵士卒，分差官兵討賊，多獲全勝。十月召還，行吏科都給事中，本道將校乞留，許之。十二月，丁母憂，命起爲建昌道巡撫使，懇乞終制，再命撫集建興、先興、義興等府，公宣揚德意，撫集其民，流散咸歸，田野盡闢。

四年癸亥正月，復入侍陪從右正言知戶番，二月執政請復差監海陽道軍，上疏乞辭，以爲「夙夜匪懈，臣職當然，不敢擇事以爲忠也。竊念朝廷政令之所出，今方外有警，事務殷繁，臣預居諫職，如蒙不棄，仍使隨與宰相入閣議事。臣今補外，雖知事未盡善，然命已出，豈敢一一自陳，請許留奉侍，庶少攄一得之愚，冀無負諍臣之責。」從之，旣而忌者，譖其避難，貶一次，解機務。七月充京北鄉試場監考。

五年甲子奉差招諭維先縣，取衞兵置爲奇隊，設立屯所，練習陣法，以防山寇。又命增練維先三丁取一隸，與衞兵練習，以待徵發。八月鰷賊自塗山竊據昌江（屬京北處）城。奉差海陽水道監軍，與督領謙忠侯武佐璉討賊于平良河，俘獲三十餘人，船十二艘。復差與統領勒郡公丁文佳攻剿。

六年乙丑奉差海陽、京北等道監軍兼參謀，與統領曄郡公黃五福討賊，時鯀賊阮有求據壽昌江，沿江兩岸，戰船數百艘，勢甚猖獗。官兵攻之不克，公與曄郡公督勵將士攻之，求遠遁，追擊俘獲甚衆。

七年丙寅春，充會試場同考。五月復命添差府僚。六月疏陳「抑僥倖，核名實，精簡閱，寬征稅，廣營田，擇將才」凡六條。八月，知禮番，時有瑞英之包含社人，縱火焚其家，殺人以嫁禍於其鄉，前後官莫能決，公覆其狀，問死者口中如何？吏曰：「口中無有血痕。」公謂吏曰：「無多言，吾得之矣。」乃命取二豬，殺其一，並投之火，則所殺之豬口有血痕，而生豬無。以此詰問，訟者始服其辜。其發奸摘伏如此。十一月，上疏言「理財以養民爲先，今民既受田稅，復補加租，又幷鹽灶征之。一田三稅，民何以堪。加之給養兵夫，最爲勞費。雖蒙寬赦，兵卒未見汰除，請議行以寬民急。」上納之。

八年丁卯群寇暴掠尤甚。公疏陳用兵機宜，以爲今之計。惟有董兵速戰，乃爲經國安民之勝算。上深納之。

九年戊辰春，以寇盜未平，兵財不足，請行屯田之法。乞命統領官照諸接近賊境處，行區法，隨其近便，或四五社、六七社爲一區，以地方員爲屯田官，使出資本，召募流民，開墾荒田，官軍隨宜保護，使賊不得侵掠。開墾已成，量收輕稅，又請因備兵已成之法，照壬寅年例，選一兵充伍，補優兵之缺，使新舊雜居，時加教習。嚴示賞罰，以爲永制。

十年己巳，奉差山南、海陽等道監軍，時逆求降而復叛，與草寇合攻掠山南，兵勢頗盛，諸軍進討不能克。朝命曄郡公爲兼統領，海郡公范廷重協之，公監其軍，兼參謀軍事，提兵進剿。求奔義安，十二月還，論功陞東閣學士。

十一年庚午三月奉差招集天施縣流民。

十二年辛未，公在政府，守正不阿，後與參從耀郡公陳璟論訟不合，璟劾之，貶二次，解添差伯爵。

十三年壬申復陞東閣校書。

十四年癸酉出爲京北道按察使，撫綏勞來，日夕不怠。敎民必告以孝悌忠信，抑制豪强，伸理寃屈。郡有訟經十年不決，公一訊卽知其情，人皆稱其明。有訟告者，喚他俱來，分解曲直，或至感泣乞休。間餘講學授徒，辨明義理，三年風化大行，百姓愛之。

十五年甲戌以敎子登科，登東閣學士。

十七年丙子召還，公具陳本處吏治民情，因疏言弭盜六條以進，時命陞一次尙寶寺卿。（時奉侍諸臣，惟公一家父子俱得賜入侍坐，朝廷榮之。）

十八年丁丑陞東閣大學士。

十九年戊寅以年六十五，援例乞致仕，不許。秋旱米貴，朝廷深以爲憂，公乞推實惠，以蘇民瘼。嚴禁州縣泛受單辭，量赦積年贖罰；又乞起復阮公寀，召用進士范進等，並見嘉納。十一月奉差訪察京北官吏軍民。二十年己卯奉差訪察海陽官吏，又命巡視義安屯鎭，及布政州，勘視邊防，選閱將士。四月還朝，具陳兵民情弊，上嘆奬久之命行副都御史，時案牘堆積，公旣視事，閱月以淸。閏六月，授太原承政使。九月陳情乞謝事，章三上乃允，陞戶部右侍郎，賜爵延方伯。將還，御書「質直敢言」四大字以賜之。

二十一年庚辰，復召赴京，命仍行副都御史，執政言老臣不宜煩以劇務，乃止。命入侍陪從，參從忠派侯汝廷瓚言宰執臺諫各有攸司，如置在政府，臣等或有過失，依誰規正。乃命入侍左正言。

二十二年辛巳，秋大旱饑，公令家人每旦爲粥於營門，以賑飢民。十一月命兼右執政，公每進見，必以「節用愛人」爲言，詞甚懇切，上爲之傾聽。

二十三年壬午冬，充京北使鄉試場提調。（即今正主考）

二十四年癸未春充會試場監試官。（即今副主考）

二十五年甲申請除積年逋欠，錄用功臣子孫，以收人心。

二十六年乙酉，時署府事鍊郡公杜世佳執政，上所見信，言無不從。一日侍講筵，上曰：「臨政以來，孜孜圖治，善政亦次第舉行（寬赦有條，招集有命。）。而天災屢形，邊塵未帖，厥咎何由？」公進曰：「今勵精爲政，而其間一二大臣，不思國事，只爲身謀，上逆天意，下拂民心，災異之生，殆由於此。」曄郡公叱之曰：「此言何所指。」聲色甚厲，公因言「鍊郡公所行，如禁誹謗、收加租、建右宮廟，皆非善政」。又言「升降不出公議，榮辱只由愛憎，在朝之臣，莫不趨附。不到門者，惟一家臣父子，及鏡郡公六七人而已。今不早裁抑，後將無所不至」。鍊郡公時亦侍坐，流汗失色，諸臣皆爲公危之，公談笑自若。數月復疏陳「進君德，開言路，推誠御下，愛民養兵。」五條，辭甚切至。

二十七年丙戌春，充會試場監試官。時數年以來，地震山崩，雷變雨雹，災異甚多。諸大臣皆以天心仁愛，不足致意，公言「以臣觀之，今能以天下自任者，恃其才能，專決胸臆，器局褊小，規模促狹，引親黨列要途。勳舊老臣，一不訪問，所稱者卑媚阿附之徒，所薦者貪冗姦欺之輩。掠美市恩，專權怙勢，內外官僚，靡然承順，雨雹地震，天下共知，方民不敢啓，憲司不以聞，畏懼蒙蔽，一至於此，此老臣之所以長太息也。伏願改絃易轍，特召勳望之臣，與文臣曾任參陪，素有才名者，申命以事，冀可以悅天意，回人心，迓續太和，消弭災異。」鄭王省表嘆息，卒不能用。

二十八年丁亥，陞吏部右侍郎，改爵演派伯。秋大旱，乞立壇祈禱，且勸修德行政，恤民撫士，振淹滯，愼獄訟。

三十年己丑陞副都御史。

三十一年陞禮部左侍郎。

三十二年壬辰多庭試充知貢舉官。

三十四年癸巳三月，乞再致仕，陞刑部尙書，侯爵，賜惠養田二十畝，白金五十兩，御製詩一章以餞之，百官祖餞于都門外。蓋自我越有國以來，再致仕惟公與大司馬應郡公鄧廷相而已。公旣歸，修治園田，優游自適，而其子貴惇以大臣祿養，一門貴盛，人艷其榮。雖家居每見朝政民情，必爲子言之，方民有以事來正者，平心訓戒，隨事曉告。上知公年老，而精神不衰，其子每入朝，必問安否，一日其子謁告省還，上問安好，對曰：「仰賴洪福，臣父今年八十五康健」。上曰：「天道至公，善人天相，聞新生小子」。對曰：「臣小妹今年三歲。」上笑。

三十九年戊戌大飢，延河、御天、舒池、南昌四縣，扶老携幼，踵門乞食。日至千餘，公以私錢賑給日人十文，如是者二月。

四十二年辛丑二月赴京，賀延壽聖節，用白香山、文潞國故事，集同朝公卿大夫十六人，公以入侍左正言刑部尙書，再致仕演派侯，年八十八，工部左侍郎蘭堂侯汪士端與公同庚，殿前都校點論忠侯杜廷論年八十四，入侍陪從戶部尙書醴澤侯阮伯璘八十二，都督盤忠侯阮時湌八十一，工部尙書太子少保澤郡公阮嘉璐八十，宣力功臣國老太寧曹郡公阮廷石七十九，順廣道督領副將軍太宰潘郡公阮璠七十八，工部右侍郎晴川侯阮廷琦七十五，翰林院承旨阮輝胤七十四，御史臺副都御史阮茂述七十三，効順宣力功臣國老大司空滾郡公張浧七十一，太保旦忠侯段登旦七十一，工部左侍郎垣嶺伯陶春蘭七十一，翰林院承旨張廷瑄六十九，宣力功臣大司馬櫄（蘭）郡公蔡肇基六十五，賦詩唱酬，置酒相樂，爲鳳城十六老會，一時傳爲衣冠勝事。六月，以水旱不時，疏言此非小變也，條上修政安民凡六事，命下施行。秋八月，得疾，上使中使慰問，賜銀二十兩。

四十三年壬寅正月二十六日，卒于本鄉，享年八十有九。訃聞，贈少保河郡公，賜謚忠獻，慰錢三百緡，命署副都御史張登揆諭祭。以五月二十八日葬于唐安下丕之原。初公平生嘗言生前是富川木凡社可唯村之神，可唯亦知之，歲時嘗來拜謁。及是年正月二十七日夜，守祠人黃千歲見祠內嘈雜有稠人聲，恍忽入里報村人往看，則光輝遍照，香氣竟夜，三更聞有人傳呼開門，守祠驚起，窺望則祠內赤光，映徹如初，數日後始知其公歸神之日也。自此村民暴故者二十餘人，牛畜自斃者數百餘口。次年癸卯春，可唯村民詣京，送牌位還鄉奉事，今爲伊村神，有事祈之必應。夫人張氏維先阮舍人，正和庚辰進士工部左侍郎宏源侯張明亮之第三女，蔭封郡夫人。子八男十女，長榜眼公，次廷泰勾稽工番，贈廣安參政，次貴恒進朝東閣學士，次仲琯海陽憲察副使，次仲進指揮同知伯爵，次貴序、次貴鵬並中尉，次貴鶚茂林郎，女適人亦有顯達者，諸孫男女八十餘人。

公資稟剛正，多大節，自少爲學，以聖賢爲師，進退語默，動遵禮度，危坐終日，未嘗偏倚。事親孝養純至，居喪哀慕不衰，歲時祭祀，稱家有無，而極盡誠敬。居處儉素，不事華文，持心謙退，雖身仕清顯，而行無侍衞，見者或不知其爲公侯貴人。性又勤篤，公暇手寫書籍，躬親播種，姬妾各令勤職業。居官清介，常俸之外，一不受人饋遺，嘗有送錢覆以米，公初不知，但却之。嘆曰：「吾誓心不爲此也。」篤念故舊，俸祿所餘，咸以周給，雖朋友之妻子，莫不盡情愛撫。治家有法，教子孫以禮義，閨門雍穆而嚴。其爲政也，尙寬厚，持大體，嚴而有愛，敏而不苛，簡易而精詳，廣大而周密，視公如家，愛民如子。但天性鯁直，屢爲權倖所疾，經以疎斥，而節操愈勵。蓋公不以得位爲喜，失位爲憂，忠愛之心，不以用舍而有異也。性頗聰敏，書籍一覽，無所遺忘，凡古今制度之沿革，經史字義之異同，及天人地理算數之學，莫不究其淵源，得其精要。爲文豐贍簡暢，條陳世務，皆溯源竟委，剴切周至，有賈、董、韓、陸之風。尤喜觀易，善於占侯。永佑之季，阮遽、阮選及於海陽，人多惑之。公謂人曰：「賊必死於酉，絕於亥。」其後果如所言，其他占驗，多見奇中，人有稱其得邵子之傳。平生勤於教育，講磨大義，終日不倦，雖居官任職，亦不暫輟，授徒幾四十年，弟子蓋千餘人。其登進士者阮伯烱而下數十人。所著有竹庵文集、黎公啓事、景錄等書。

【校勘記】

❶ 原作「確」。

【二三】工部尙書黎相公年譜（其先東岸人，原姓李。）

公諱某名貴惇，字允厚，號桂堂，忠獻公之長子也。保泰七年丙午，柒月初五日，丁亥時生。初，忠獻公郡夫人禱於金榜光承寺，夢有賜麒麟之兆，分娩時，又夢一官人騶從甚盛，轎前掛一羽扇，來造宅前，已而生公。公生而頴異。二歲識「有」、「無」二字，百試不差。四歲就學唐書，且族祖叔寫字頗遒勁，卽手筆寫之而成字，忠獻公心異之。五歲學詩經，不旁觀，不戲弄，疑字一教不再問，家有書架，日日登坐其上，看左傳、國語、國策、文選。六歲能詩文，忠獻公曾以其文示同年朱元琳，朱公批云：「豫章拱把，長聳千尋；大鵬生雛，直搏九萬。其進不可量也。」七歲學史。八歲能作賦策。十歲能作行歌論辨書檄。十一歲學宋、元史，一日，誦得八九十張。學易經，一日誦遍綱領圖說。忠獻公嘗試使一日作賦十篇，皆斐然成文，而意義周切。十四歲，遍讀五經四書，史籍傳記，旁及諸子百家之書，無不熟讀，人以宿儒稱之。爲文伸紙疾書，萬言立就，不構思，不起草，而學問議論，汪洋大肆。十五歲時景興初元庚申年，隨父忠獻公居京師，學業大進。

十七歲，考於縣，二期並優等。十八歲，進於鄉，一舉解元，著書百篇，士子從學者多。十三年壬申，會試，經義四六並第二，詩賦第七，策期優中第一名，廷試賜第一甲進士及第第二名，（榜眼）時年二十七。十四年癸酉，授翰林院侍書，是年冬，充山西鄉試場提調。（即今主考）

十五年甲戌春，命纂修國史。時史局久闕，典籍多散逸，其存者亦皆錯雜不可稽考。公乃旁搜博采，參以平日見聞，撰自熙宗正和至景興初元，成續編十二卷。其年冬，克博舉場監試。

十六年乙亥元旦，皇上謁南郊還，至朝元殿停輦，問諸臣以正旦大禮如何？今當卽視朝將還御萬壽殿而後出。公奏言：「臣竊照舊典，郊祀禮成，駕還御正殿受朝賀，此禮爲宜。若還御便殿方出視朝，恐更添一節次。」上從之，六月，入侍講，上虛心咨訪，公亦慨然剖析疑義，敷陳治道，上益重其才。十二月，鄭王將建都古碑，（欲法前志，並建兩京）詢諸言地理者，一時羣議競按舊藁，言其眞形正脈。公上疏陳其可疑之說八，不便之說五，事遂止。

十七年丙子，奉差采訪山南道，不避權要，糾免貴臣貪贓者六七人。五月，添差府僚知兵番。八月，奉差叶同山西、宣光、興化等道，率左銳奇討逆質有功，既還朝，條陳兵番職掌，凡十九條。鄭王稱其諳練國典，賞銀三十兩，命付岳番遵行永爲例。

十八年丁丑，陞翰林院侍講，參預政事，剖決疑獄，多得免寃。

十九年戊寅冬，充歲貢部副使，未行。

二十年己卯，復入侍添差知兵番如故。上嘗稱之曰：「卿父子皆忠愛，可謂忠孝傳家矣。我不欲卿遠行，欲替差別人，使卿留左右，常見談論。」公曰：「臣年尚少，願且往上國，歷覽山川，詢訪治體，以廣見聞。」上壯而許之。

二十一年庚辰春，奉往北使，將行，賜爵顥城伯。時公年踰三十，好遊玩，跋涉，感古訪今，到處題詠，爲詩多口占而成。見官廳對聯題扁，嘗默記，歸而寫之。過梧州日，有協鎭李姓者，問我國王何名。公曰：「從來位列上司，未有對人使而問其君之名者，大人不當問，使臣不當對。」協鎭慚謝。自廣西以至北京，到省達官，多以難對之事爲問，公應答裕如，衆皆歆羨。

二十二年辛巳正月，入覲元會節，上國兵部尚書梁詩正、工部尚書歸宜光等，及翰林院都察院官，聞公名爭來接問，公隨事應答，詞意清辨，衆皆嘖嘖稱嘆曰：「貴國有人矣。」嘗演禮於鴻臚之寺，與朝鮮國洪啓禧、趙榮見、李薇中相見，因投詩贈之，東使驚嘆。公又以公所撰羣書攻辨、聖謨賢範錄二書，及沿途酬唱瀟湘百詠集示之，啓禧爲之作序。公語同价鄭公（鄭春澍）曰：「承乏皇華，觀光上國，今成均在望，可以一往祇謁宮墻，訪問禮樂。」於是謁太學，謁先聖，循歷階廡，出戟門，觀周時石鼓，與助教張元觀、博士張鳳書相見，蓋從前本國使臣，未有躬謁冑監，至是始見，一時傳爲觀光勝事。及還，有伴送秦朝釪者博雅士也，見公史辨，甚擊節，因與往復辨論，遂拜之下，頗加評品。因問通事曰：「安南人才，如貴使者幾人。」通事曰：「本國有文章德望，居館閣者數十人。」朝釪曰：「上國號多人才，至如貴使之比，亦不過數人，貴國安得許多」。提督學朱佩蓮督學粵西，公送所著書二編，佩蓮深加稱獎曰：「史辨一書，根經據傳，自標卓識。聖謨賢範錄大儒明體之學也，史辨大儒致用之學也，天朝顧炎武日知錄庶幾近之。」並爲之作序文，佩蓮嘗質問輿地圖，公一一剖析，援引古今沿革，歷歷可考。又嘗辨本國奉事解縉及越裳指南車事，佩蓮大奇其才，相與言論，往復八九日，臨別曰：「僕欲與使君商略古今，恨相聚不能久耳。」且嘗稱「公文詞婉麗，有唐宋之風。」從前使君所過列省府州贄見，並稱「彜官彜目」，公還到桂林，投書於撫院，乞行下左江道，又所屬府州，改正舊儀，布政使葉存仁謂曰：「說得活理，意思亦高，已蒙府臺准允，當行公文移報左江道。」自後贄見，但稱安南貢使，公言「嗣凡一切儀註文書，送到本國，勿可著此『彜』字。」撫院亦聽之。

二十三年壬午，回朝，陞翰林院承旨，仍伯爵。上欲以公入侍陪從，有言其始奉使回，又值家變，不宜縻以政事，乃止。命仍入侍添差。十月，充海陽鄉試場提調，時朝議以官書散逸，欲命官掌其事，將置秘書閣，擇差文臣爲學士，政府進擬數人名不允，特命公與醴澤侯阮伯璘並充學士。

二十四年癸未，公嘗從鄭王遊宋山之鵶洞，見有石碑刻一佛字，字大數尺，甚遒媚，不記朝代，召問諸臣，皆莫能識。公對言：「臣按國史，此乃李聖宗朝神武三年御書，前置仙遊寺，後移于此。」鄭王嘉其博識。公自奉使日，詢訪上國治體，至是請立法度，定經制，疏略言「善爲國家者，必長慮却顧，遠算深圖，以建千百年久安之勢。謀治於旦夕，計功於尺寸，非所謂遠算也。從來爲人國之客者，不過有四，强臣奸民，敵國蠻夷，四者之中，奸民爲甚。我越自丁氏立國，更歷數代，以至于今，丁李危於强臣，陳困於蠻夷，胡亡於敵國，前朝壞於奸民，此皆鑿鑿可鑒。仰惟今日，總攬權綱，分任將相，大小內外，無不奉法，則强臣非所慮。柔懷屬國，占、牢諸部，以時朝貢，則蠻夷非所憂。以小事大，一於恭恪，世申欵約，則敵國又不足關心也。所當掛慮者，竊以爲在於奸民而已。國朝自中興以來，涵養生聚，百五十年，德澤可謂深厚。乃永佑之季，揭竿斬木，羣起如沸，貢士舉人，鄉目村長，親爲戎首，稱戈犯順，不逞之徒，從而和之，延蔓福鎮，震動四方，國家何負於民，而民心如此。傳曰：『交趾之俗好亂』卽此可見，當時幸賴先朝貽謀具存，南陲有常屯之兵，湯沐有累年之積，故緩急得以爲資，紹恢興造，不然豈不爲之寒心哉。臣聞，爲國者不可恃其無緩急，而恃其有以待緩急。古之基廣難傾，原深難拔者，皆有以待緩急也。然今之所謂待緩急者，將收天下之兵，聚之京師乎？括天下之財，積之倉廩乎？失其民心，非所以爲弭亂之道，而弭亂之計，亦非可以因仍一向空談也。人生氣稟不齊，有良善，有凶梗，有安於本業，有游食無賴，且施濟堯舜猶病，安能使之必皆得所。而天運不常，水旱飢荒，往往有之，此奸民嘯扇之端也。故英君必先定法制，以把持天下，而道德齊禮之意，常行乎其間，然後可以正一世之人心，成百世之風俗。爲之民者，亦必先知畏法守令，各有定志，然後尊親之念，油然而興，雖外變或致搶攘，而境內終無離叛也。法制者亦惟設官布職，經文緯武，謹律審令，勸學立教，使內而朝廷，外而方鎮，體統相維，脉絡相貫，形勢較然其不可窺，威令凜然其不可犯，分義秩然其可遵，禮文燦然其可慕，于以消戢其凌戾乖爭之氣，而興起其歸附親比之心，如是而已。臣往在廣西登諸名山，南望本國，北望中原，而思其所以隨俗施政之異。及到湖廣山東，環視江山，縱觀天下之勢，深嘆人心無定，世變無窮，治亦難矣。所賴以來人心而御世變者，法制焉耳。不然則草澤之奸雄，幾何而不拊掌抵隙乎？卽觀古今異宜，南北異俗，而所以爲法制者，同歸于善，初無異也。成、康之整理民衆，奮張其氣，而不使惰偷；摧壓其奸，而不使扞格。豈非所以杜陵夷之漸，而保治於無窮耶？又豈今日上國能之，而本國不能耶？自北國還，每念及此，或中夜起坐，或撫己三嘆，不勝區區之情。伏願鑒古驗今，懲前毖後，與二三大臣，講求久遠之計，初謀必審熟而不輕發，既行則果決而不輕廢。把持有要，制御有道，實其表壯其裏，裕其源防其流，以正人心，以維風俗。奸雄之變永戢，禮讓之化胥興，千萬年太平不拔之基，其將必在乎。」此又陳時政十餘條，上皆嘉納。尋又請三年大比，間歲復開恩科，及請遣使賀 天朝皇太后壽慶。

二十五年甲申春，奉差相地清化處，又奉差相地西湖。時公日受眷遇，忌者百計毀之。五月以公行京北督同，北處舊多豪貴，凌抑細民，訟牒委積。公既視事，宣揚德意，不通魄遺，問疾苦，撫凋瘼，禁刁猾，伸寃屈，民信愛之。

二十六年乙酉乞歸田里，公自北使還，屢有建白，多爲大臣所沮及，是又出爲海陽參政，亦固辭。公退居二年，杜門著書，覃思經術，講學授徒，遠方從學者甚衆，尤留意堪輿之學，以書籍山水自娛。

二十八年，丁亥起復侍書命，仍纂修國史，兼國子監司業，復添差知兵番，固辭。又命徵撫溈仁府（今改里仁府）。

二十九年戊子進全越詩錄，（前代詩集多散逸，公訪尋人家舊編，收拾自李朝至國朝統元，釐爲十五卷，書成進覽。）上嘉悅，賞銀二十兩。其冬，充所舉場監試。

三十年己丑，時將有討鎮寧之役，清、義二處兵，逃欠者至五千八百餘人，公言責之員目自擇丁項引替，以省拘摧之弊。塡替只取足率，不泥舊籍姓名，以革僞名苟應之弊，從之，自是國伍浸充。八月維密將黎廷本攔下清華寇掠，命潘派侯爲正督，領公贊理軍務，召擇對擇，閣堂曄郡公言：「山戰谷戰，如兩鼠鬭於穴中，何能施展？宜引賊至平地與戰，方能取勝。」鄭王命公以此意喩阮潘公，言近來軍政不肅，將令不行，請得以軍法從事，許之。公既出師，乃命復承旨職，伯爵。九月公及廷本戰於銅鼓山，大破之。公馳赴清華安場，聞潘已入萬賴册，方作魯橋，欲進取良政，卽疾入，語以宜急退兵安場。引賊至平地而乘之，方爲全策。前所差三將屯汴下册，亦抽回，同駐，厚集士馬。賊兵聞之，以爲怯，遂下丹泥，兵勢甚盛，官軍三面夾擊，賊兵敗走。捷聞，帝遣官賚銀三百兩，卽軍中頒賜之，又賞銀牌一面，官軍乘勝攻賊，諸屯皆拔之。壽春、琅政、錦水、關鄉諸縣悉平，乃集士兵，修戰具，與潘派侯決策深入。

三十一年庚寅春，將京土全師九千餘，與義安道兵會追，逼呈光，賊將黎廷本降，維密窮蹙自焚死。大軍遂入呈光，收獲象馬軍器甚多，分兵追捕餘黨，俘四百餘人，並釋之。四月，振旅入京師獻捷。閏五月，陞署副都御史，諭曰：「卿耆宿差行稱事，是以不次超遷，勉殫心力，以稱所委。」時臺按堆積，公考屬吏，飭該道與諸司，申詳訟例，審斷舊牘，揭公堂前，却駁泛越諸訟諜，積弊爲清。六月，陞工部右侍郎。七月，公上疏，以爲「從來贍軍裕國，莫過屯田。玆山寇旣平，上流底定，村里凋殘之餘，未能完復，安定之上縣，錦水之下縣，與廣平（今改廣化。）農貢各嵩册，土沃水良，可耕不下萬畝，却皆荒廢。而清華屬鎭各奇隊，口分欠少，情願別屯開墾，玆竊以爲屯田之項甚多，兵皆土著，旣有生業可資，無自逃欠，一也。在在屯種，隊伍連絡，保衞重地，永永無虞，二也。計四鎭二匡五雄十一隊，與鎭內一奇兵，堪田作者，共一千四百三十人，人受田三畝，畝收粟六十鉢，一年得粟二十五萬餘鉢，歸貯官庫，行之積久，倉庫充盈，三也。軍屯旣成，村里漸漸回復相依，不煩招集，戶口滋多，四也。湯沐原本，可變疲弊爲富强，五也。一事行而五便興，足食足兵之策，無過於此。」因條上措置節目，一差官，二勘實，三分屯，四授田，五給本錢，六發農器，七定稅例。朝命添差李陳坦往勘。坦還，言其勢未可行，事遂寢。錄平鎭寧功，陞戶部右侍郎，賞世業民祿二社，世業田四十畝。九月，奉差巡撫清華處閱定兵額，並招集各社民公至事之周當。由是民免偏重偏輕之病，而隊伍以充矣。十月，車駕西巡，公入賀，疏言：「上有德政，以得民心，則可以凝天命，而迓祖德。玆巡幸湯邑，瞻謁宗廟，展拜園陵，觀覽山川，詢訪耆老，感列聖之功德，思大業之艱難，輦路所經，曲加存撫，眞是太平美事。臣聞，古者巡狩，春省耕而補不足，秋省斂而助不給，非不遊也，而惠及人者，舉行令典，亶惟其時。」因條上乞加封本處三等神美字，查三司府縣政績，獎廉平，退苛冗，蠲逋欠，招流民。免清華鹽稅，定驛法，以均勞佚。擇土官、管官，禁官員苛擾土兵，免山南沿途驛遞各社調錢，凡十事，命下議行。十二月，陞吏部右侍郎。

三十二年辛卯六月陞工部左侍郎，累辭不許，乃受命。

三十三年壬辰，奉差采訪諒山處。五月，疏言時務，清仕途，正職事，凡四條。皆見納。七月，行都御史，兼國子監祭酒。其多，會試天下舉人，充知貢舉官，時策題已命諸臣擬題十數，皆不用。又召公自試場回，改擬別題，所問惟經傳大旨及兵民之政，故是科得人爲多。

三十四年癸巳，義安大歉，公疏乞取永營庫錢、漕山水宮官粟，分賑飢民。並勸富民入粟拜爵，以備給發。四月大旱，疏請開言路，赦加租，出繫囚，罷工作。四事上，即命施行，令下而雨。尋入侍陪從侯爵，累召入對，商確政事，講論治道，上飛白答之曰：「所言深合事宜，足見體國之意。」又御書「天植剛正」四大字以賜之。與參從春郡公阮儼掌督民改修戶籍，公以養民之政，在於周知民數，均節賦役。請令社民具類丁口，納中簿于政堂，然後酌量民力，平補科徭，俾人知恩出於上。正供既足，後赦加稅巡渡諸稅，及非時諸調斂，仁政良法，可次第行。十二月，命徵撫快州府，是年公父忠獻公以刑部尚書再仕，一門眷寵赫奕，當世榮之。

三十五年甲午，奉往勘度山南沿海各縣社沙田，山南下路，土沃民稠，南眞、膠水、眞定、青蘭各縣，皆傍海岸而居，從來沙洲頹孕不常，至是始孕沙田甚衆。山南鎮司以聞，命公與鎮守韶郡公往勘度。□舊多豪强，慣行賄賂，僥倖求免減，遺餽動以千數，公至一切拒絕，得實田九千一百餘畝，每年納粟七十一萬官鉢，歸貯渭潢官庫，於是邊儲粗備。五月，命掌府事，曄郡公將兵二萬，經略順化，鄭王欲自將南征，命公刪給諸軍口分，又命釐正邑隸，諳曉諸稅額例。時大軍南征，調度甚繁，日貴不貲，鄭王深以爲憂，故命公刪給，兵食始充。九月，鄭王出征，命公留守京師，便宜行事，率在京各奇隊兵，防守京城。公請參贊戎務，往順化督戰，不許。時鄭王慮兵少，命徵發衞兵。公曰：「師期既迫，行下各鎮，淹引時月，恐更擾民，不若傳諭天下以不得已之意，先除管員，使之自行招集，私辨器械，可不旬日而辦。」從之，悉以兵事委公。凡進征節次，分設四軍，命官爲四將，申定軍令，調度糧食，及檄諭文書，皆出公之手。公精力過人，見事立決，調撥適宜。公留守京，分設屯防，申飭條教，巡邏嚴密，畿甸肅清。京北、太原盜起，差兵剿捕，不日撲剪，日接南書至，調運糧食，召補士卒，日不暇給，而庶事妥辦。十二月，大軍克順化。

三十六年乙未二月，凱還，公以夙夜勤勞，陞戶部左侍郎，兼國史總裁。

三十七年丙申春，設鎮撫司於富春，時以順化初平，得須重臣鎮其地，乃命嚴郡公以督率兼鎮撫，公爲協鎮撫，參贊戎機，賜公贐銀一百兩。陞辭之日，上疏，以爲「自用兵以來，征行勞苦，饋運紛繁，所宜減兵節餉，以蘇天下。但雲關爲廣南咽喉，洞海爲義安門戶，傍山沿海，孔道多岐，兵又不可不分防，餉又不可不接濟。臣今奉命行邊，謹當收羅才識，禁戢冗弊，招回流散，申畫疆理，使之先有規模，然後以一處正供財賦，養一處京土官兵。則漕運無多，可少抒司農之籌畫，而經營預備，或可助司馬之韜鈴。竊以兵形象水，一時解息，實須調劑。臣日夜思惟，顧兵顧餉，量回量留，以休養爲依附之本原，以防守爲撻伐之樞紐。逘官吏，治軍民，以資無窮之勝算；蒐軍實，講武備，以振有用之精神。是乃從來孜孜謀慮，期致太平之至願也。」既抵富春，時鎭司新設，百事草創，兵民雜居，裨效倚勢攘竊，到屯專行勾勘。鉛錢不行，粟米湧貴，鹽鹵廢業，舊官與土官民，相爭田土，更生告訐，悍者囂，弱者鬱。公始定訟例，署題吏縣勘鎭勘各有恒式，通飭將校，禁戢兵士。令軍人往上流採薪芻，禁擅入民家，使民家行用鉛錢，三當一。通甘露江源之粟，免巡渡市稅之苛細者，一百八十四所，其餘有社民情願坐收者，給付招舊鹽村坊，給憑開養，申定執田贖田律限，杜其爭訟，革服制，俾衣冠一遵朝廷制度。又念錢輕物貴，許以改制銅錢，令縣官屯官，逘下各縣總長，開納丁簿，丁祭親謁學宮，瞻禮，諸生就學數十人，時與講學論文。在鎭凡六月，軍民懷服，守備大修。九月回朝，命仍入內視事，辭不拜。乃命行都御史與刑部官，覆讞在京及四鎭囚徒，寬宥甚多。

三十八年丁酉春，疏言順化已平，于今三年，宜有法度，以控束一方。並上兵民財賦事宜，請平補順化丁田，閱定兵額。夏旱民大歉，公乞赦加租蠲逋負，凡五條。七月，順化、康祿、麗水、明靈賊起，殺屯將，攻逼洞海。道路斷絕，富春信息不通，報至，命公就政府議事，對曰：「此民爲賊爾，前上將已收器械，民間無寸鐵，烏合群起，夫何能爲？但聞屯將所收租稅太重，民人嗟怨，所以致然。今命馳援，一鼓可擒。」從之，遣兵入剿，一月而平。上喜謂公曰：「卿料事何其審也。」十二月，命行戶番機密事務，兼掌財賦。

三十九年戊戌，歲比飢荒，人心愁苦，有言「順化饋運疲弊，請棄富春與阮氏或降臣，使守之，退守安宅爲鎭所。」公曰：「大不可，今天下無變，豈宜自生變，示弱於人。」乃止。三月，命行參從，固辭乞改授武班，乃授右校點權府事，改爵義派侯。時阮淳取嘉定，勢頗猖狂，遺書督率，請官軍退還，以順化予之，召諸臣規議措置事宜，皆云許統將自擇在朝文武，以備差行。公言順化道文武除授，當自朝廷擇之。是年秋，海匪煽動，掠安廣，寇山南，官軍敗績，人情震駭。召公入，急議規畫。公曰：「耕當問奴，織當問婢，今日兵所以敗，在於不用武將，而以內官典兵，請起用廢將如潘派侯、碩武侯等，可當一面。」已而海匪悉平，時有黃文桐者，世爲聚龍土酋，專財專地，畏公正其罪，私賂公銀百鎰，公即遞進，上大嘉獎，復以賜公。至是桐因海匪煽動，舉兵反於宣光，忌者遂指其事爲激變，乞罷公以悅桐。遂貶職十次，解機務，仍行戶番機密。

四十二年辛丑，復申國史總裁之命，改修國史，自中興光和至嘉宗德元凡十卷，頒行。十月，奉差勘視山南處堤路。

四十三年壬寅，時災異屢見，公疏請赦逋欠，免追刷，禁苛暴。從之。

四十四年癸卯春，命爲義安處協鎭守，義安久無事，人多向學。乃廣開學舍，學者數百人。十二月，復回文班，授都御史。

四十五年甲辰春，回朝，疏請措置南陲邊備，又條上弭盜寧民之策。三月，陞工部尚書。四月十四日，卒于維先之阮舍，享年五十九。訃聞，上輟朝三日，贈少保賜謚文忠，給祀事民二社，賜慰錢三百十緡，遣官諭祭。六月十九日，葬于本村後舍處之原。夫人黎氏，唐豪遼舍人，永盛戊戌進士、參從戶部尚書、贈太子太傅遼郡公鄧有喬之第七女，蔭贈正夫人。子四，長子有文學，早卒，次淳、次佐、次儀。女二人，長適丙戌進士、工部右侍郎項川伯阮惟宏早死。次暎，未適人。

公資禀既異，而充養有道，自少不嬉戲，言動皆有矩度，處己接物，一以至誠忠信。孝友出於天性，事父母，先意承志。教養諸弟，慰切周公，所得俸祿，分與親戚，撫育族姓，爲之嫁娶者十八人。篤意故舊，故人妻子貧者，有來賙給錢帛，而自奉尤約，弊衣疏食，怡如也。家人有言，則曰：「我寧不知此，當念積福耳。」公性好讀書，未嘗釋卷，雖貴爲卿相，讀書每至夜分。爵位愈隆，心思愈抑，接對官吏，未嘗以等威自異，歷任內外，以清愼自持，不受餽遺。兵民大政，多有規畫，小人讒謗百計，而主眷不衰，屢求去位，雅愛山水，常作草堂扁艮齋以見志。公平生誨人不倦，以詩書禮義爲教，學者多出其門爲名臣者。公學得於天，而尤邃於古，蓋其所知，上極天道性命之奧，下至事物之微，以及律曆醫卜戰陣方略，山川險易，邊鄙防戍，海內風俗，外國情狀，莫不洞究其極，而一以貫之。維王事劬勞，殆無暇日，而且留心著述，採訪古蹟，收拾遺文，有得則記之，所著有易經膚說、書經衍義、春秋略論、詩說、禮說、連山歸藏二易說、羣書考辨、聖謨賢範錄、金鏡錄注、存心錄、增補政要大本集、大越通史、國史續編、皇朝治鑑綱目、皇越文海、全越詩集、芸楚類語、見聞小錄、續應答邦交集、北使通錄、聯珠全集、征西全集、撫邊雜錄、師律纂要、武備心略、地理選要、他學精言、太乙簡易錄、太乙卦運、六壬會通、六壬選粹、活人心書、陰騭文注、道德經演說、弘教錄、金剛經註解等書行於世。

竊嘗聞之，道學之在天下，不可一日無。然而天意常若有待者也，幸而得此奇偉醇正之人，始能闡揚道義以淑諸人，而斯文有在，天意亦樂有付託矣。我越素稱文獻道學之興行久矣。陳朝朱文貞公，學行精純，名聞遠邇，倡明性理之學，一以濂、洛、關、閩爲指歸，有四書說約行於世。本國文風，由之振起，人才賴以成就，外國亦以禮文稱之者。本朝聞創之始，文教顯行，天下之士，多知所務正學。中興以後，詞章習盛，道❷學迂晦。志青紫者，只誦帖括之舊文，以應時用。其詞或有卓立之志，亦不免舍其所務，以徒世俗之所好，故雖名公鉅儒，未嘗不接迹於世。

文章議論，非不粲然可見，而求其著書立言，以羽翼聖人之道者，槪乎其未聞也。先生生千載之後，讀聖賢之書，而有得於心，慨然以身任斯道之責。其於五經四子之書，研窮義趣，剖析幽微，發千古所未發，而辭達理順，不詭於濂、洛諸君子之格言。至於前世之是非，羣書之同異，靡不毫分縷析，如指諸掌。下逮本國之史，歷代之文，亦皆正其訛謬，補其缺略，然後聖人之道大明，而中國之事迹文章，不至支雜錯亂而不可考。今其書具存，後學會其全體，固可沿此以求洙、泗之淵源，而得其一二，亦足爲博物洽聞之君子所以繼往開來，公之功多矣。豈非斯文顯晦，有關於世道，而道學必待其人而後傳者耶。

附錄　嘉定寶篆黃甲陳先生訓子名至情篇（嘉定今改爲嘉平。）

乃祖五十一歲，而後有乃父，不及見乃父之成。乃父以學致高第，以身徇國家，而未嘗一日享人臣之福，風塵半世，桑梓一天，喫著依人，憂病併日，宗廟不得其享，老母不得其養，妻子不得其依，其得報於詩書者薄矣。念爾父生平無大過惡，或冀蒼蒼者，有厚乎毛髮之遺。今惟爾一人在耳，三世衣冠禮樂之傳，一生精神心術之用，所望無墜者誰耶？爾之年紀不少矣，涉世不爲淺矣，爾父辛酸之況，爾一一共嘗之矣。有人心者，將悲感刻勵之不暇，思自拔以慰吾親也，何忍墜其心志，惰其肢體，酣眠飽食，頹然無所用心哉。

夫人能養其口體，畜其妻子，不至於飢寒凍餒者有道焉；讀書登科，安享天祿者，上也；自耕自食，勤於職業者，次也；爲醫爲巫，爲工爲賈，勤於一藝，以求養於人者，又其次也。若其不然，必其人有遺下之產，現成之業，不耕而自食，不織而自衣，亦未至於暴替也。若其不然，必其人有卑汙之行，竊窬之智，爲唆刁，爲猾吏，爲攘爲盜，未至於磊斃也。汝試思之，自爲農以至於爲盜，能擇一藝而爲之否乎？吾未見其無才學可立，無資蔭可憑，四體不勤，一藝不通，上不能爲君子，下不能爲小人，團團一塊，如嬰兒之無知，而能養其身與其家者也。我今在此，爾猶不免飢寒，然猶未甚也，我身之後，爾更何所恃，而我亦何所望乎？目前之所謂業者，不過荒園一區，草池半畝，茅屋數間而已，售之人以濟命者，能支幾個月耶？此幾個月中，而祖宗無所依，妻子無所歸，亦安用度偸一時計爲也，依故舊以乞憐，不可得也；躬賤役以求沽，不能爲也；歲之豐凶，不可必也；時之離聚，不可常也；到此則惟餓死而已。然餓死事極小，無聞於國，無望於人，生與物同羣，死與物俱化，雖飽且壽，亦安用此頑冥七尺爲哉。

況乎今之世，善人少，不善多，言陷于機，動觸于咎，禍不得而避，福不得而趨，無智何能自全乎？夫所謂不肖者，不能世其家之謂也。兒孫而有此榜樣，何必陷罪戾喪身家，乃謂之辱先耶？祖宗而有此兒孫，何必喪無主祭無尸，乃謂之無後乎？其德不可尊，其儀不可取，上而官府得以威法繩之，近而宗族得以愛惡施之，州閭族黨之武夫，得以强弱相上下。人見而指之曰：「此某公之孫也，某公之子也，某家世詩書之澤，其斯沒乎？何一替而至此也。」其爲辱先爲無後孰甚焉，余每念及此，中夜撫心，思前人締造之艱難，悲後人繼承之零替，爾何不知自省乎？余才高而性蕩，然當用心時，蓋嘗貪坐失尿，臨餐忘飲者矣。詩、書、語、孟之文，探索無遺，纂略殆徧，以至內典諸經，卜醫衆技，莫不下苦工夫。今雖是衰病顚連，手不釋卷，皇皇然惟恐年數之不足也。然而德業猶未有加諸人者，其病在進銳而退速也。況爾視我才地，僅十分之三，而志業無百分之一，尚何望有所成就乎？

昔先祖九歲喪怙，千里從師，惸獨一身，辛酸萬狀，而能顯親揚名，蔭及後世。是誰爲之提醒，誰爲之勉勵耶？汝父生長於富貴之門，紛華波蕩，交乎其前；先祖年高，命促于後，而能做文章於模樣，求義理於渺茫，勉强成立，不至墜祖宗詩書之澤者，亦豈能以才氣運動哉，立志高而用工苦耳。爾今處困衡拂逆之中，無嗜欲以奪其心志，無聲色以移其耳目，貧賤憂戚，用玉汝于成，正君子發憤忘憂時也。

周易演於羑里，漢史❸成於蠶室，自古聖賢大文章，大事業，曷嘗不自憂患中來哉。有成法可因，有遺書可讀，我今衰病，猶能與爾琢磨於文籍之間。視爾祖父其所居之地易，而用功亦甚易省也，爾何不自勉乎。爾之心非倖倖，然不入敎也。亦非果於自棄也，其病在乎怠惰而已。今日奔馳，來日纏冗，今日未暇致力，來日且討安閒，欲下工夫，改日亦未爲晚，至于改日，猶爲是言。嗟乎，一生病痛，而至今未克治，爾且思之，自爾作此言者，幾多年矣，事變無常，光陰似箭。日之改者，不知其幾矣，而所謂下工夫者，何在乎？人生六七十年間，其中得致力於學者，自十五六至二十五六而止耳，大聖惜陰，古賢繼晷，汲汲然惟恐其老之將至，而況下人乎？朱考亭曰：「勿謂今日而有來日，勿謂今年而有來年。」陳繼儒曰❹：「後一息之我，非前日一息之我。」誠學者之金針也。

爾今二十一，去三十纔瞬耳。身心之存養，學問之造詣，其自信何如？先祖與父，不可望也。世之所謂才俊，亦不可望也。回視同輩中之未有聞，能當幾人耶？他人聞此言，未嘗不慨然而思，瞿然而作，汗淚交並，自警自慚，悲往者之不可追，恐來者之不吾待也。爾蓋自反乎，夫悔之猶可及也。蓋壯而未至於老也，窮而未至於餓也，學誠曠矣，倍吾力以追之；資誠下矣，劬吾力以進之；吾氣弱，作精神以强之；吾命蹇矣，充志氣以亨之。人一己百，人十己千，定其志氣，嚴其程限，如商君法，有死而無犯；如孫子令，有進而無退。時有否泰，而學無作輟也；身有安危，而心無勤怠也。動靜言行，造次顛沛，一息無間，終日不違。勤而進之，三年亦可觀矣，若過此以往，吾不得而知之矣。天之寒燠不常，家之隆替靡定，鄉黨宗族之事牽其足，室家妻子之累攖其情，貧賤休戚，疾苦饑寒，撓亂其心志，年日以長，業日以窮，將撐持支吾之不給，而何暇治學問哉？即至此而始覺悔勉，回顧亦旋得旋失而已矣，何益乎？我處逋中，念爾飄零，望爾長進，抽出一條心血以示之，雖不必爾之從，然爲父之道當然耳。天啓爾衷，聞而覺悟，惜浮生之邁度，念至情之深期，如死而生，如夢而覺，則畜於我而豐於爾者，亦未可知也。若夫言切而聽疎，事過而意迨，則莫非天也，我生平文字之業報也，於爾何尤乎！

【校勘記】

❶ 原作「百」。

❷ 「道」上衍一「道」字。

❸ 「史」字下衍一「史」字。

❹ 「曰」字原作「者」。

【二四】仙遊懷抱探花阮登縞行狀

公少有異才，而跅落不羈，好行怪異。鄉里有妖，嘗現嬌艷美色以惑❶人，公見逼與之通，因問以前程事業，妖謂之曰：「公天神謫降，當中第一甲三名，然僕與公❷有緣相遇，不覺過許情洩，天機秘密，僕頃間率略言之，恐干重譴，願公憫之。」言訖而變，妖廟尋爲雷火所焚。厥後公果中探花，貴顯之日，常於飲食，祝這妖女，其好異大率如此。

時清人入帝中國，發使齎詔往我國，令國人皆薙髮。上以爲憂，命公往關上迎接，公乃作解諸侯辨論以諭之，乃止；關上有清人使，寫大字書一石刻本，清人奇之，因出對曰：「老犬落毛，猶向庭中吠月。」公卽對曰：「小蛙短頸，慢居井底窺天。」北人稱嘆不已。其歷任事蹟，不能盡述。又公有異鑑，狀元登道，公之次子也，幼時公甚愛，未嘗一日離側，每抱置膝下，拊其背謂賓客曰：「廷臣惡我，不許我狀元，若此子，不許不得。」公往候使命，欲携與俱，母甚憐之，而不敢逆其意，以五歲小兒，冒千里山嵐，而卒保無患，可謂異矣。

公不徇流俗，人多惡之，故雖抱其才，而不大用。公之弟登明，祭酒致仕，天資甚粹，慈善樂易，口無惡言，事其兄甚恭，惟公是聽，不敢違異。迨子狀元公登第，公與之遜讓，未嘗以父道自居。狀元每下拜，輒遜避之。詣其家，使閽者先達而後入，或問其故，公曰：「此公魁第天使，托於吾門，敢不敬歟。」每行敝履惡衣，行必步，見者不知爲朝官。有誤犯之，未嘗與較。一日朝回，過南門肉肆，一屠人見公容貌，酷類積年負債社長，出而執之，公與辨(辯)，不聽，因縛至門前。時副都汝廷賢，以執父甚見敬禮，是日朝回，肩輿上觀見之，愴惶下扶起，公語以故，汝公遂執屠人，奉公與歸，抵其家，請公少座，入內室更衣。乃公親就解屠縛：「汝卽尋別路行，吾亦從此去矣。」汝公出見公與屠皆不在，使人追之不及，嘆息而止，其德度如此。官至祭酒致仕，二子俱登策，狀元其次也，仕至參從禮部尙書，七十壽終。福祉方隆，簪纓繼世，實公陰德之所致也。

【校勘記】

❶「惑」字原作「感」。

❷「公」字下衍一「公」字。

【二五】慈廉天姥探花阮貴德

慈廉天姥探花阮貴德，少時遊學，一日講罷，公飢求還，有出對云：「食無求飽，居無求安，君子志。」公應曰：「招之不來，麾之不去，社稷臣。」人皆驚異，後公登進士甲榜，入政府，定策有大功，受顧命輔幼主，不動聲色而措天下於泰山之安，眞可謂社稷臣矣。

公雅好文學，當國日命一縣令市屋材，其人報詞有云：「期至秋成之候，將來東鄂之津。」公大喜，以五緡錢賞之。後知國子監，一日坐明倫堂，命百官肄習，多士見堂柱蠹穿一隙，因坐中口占云：「開通孔竅賢人智，長育昆蟲造化仁。」探花武公曰：「夫以公才德，鎭服天下，爲名宰相。」而武公受徒數千，爲時宗師。氣象略見於此。

公文章德業，無愧古人，尤善勸誘後進。知國子監，每月考習二期，又閒時召諸士入，出小題，遣席上作，文理優者賞之。且其課習文體，務取渾淳，盡斥浮薄。嘗用光武徵嚴光詔題，名士阮懋賞有句云：「裘輕輕、車簇簇，魏闕希共敞之朋；雲蒼蒼、水泱泱，桐江少交遊之客。」初覆官得之，大加稱賞，以爲必置優分，榜未出，學者已傳誦之。至評日，公批云：「此乃吊文，非王者詔，常將此態，難於上榜。」仍黜不取，乃撰一體，其略曰：「彼一時、此一時，無徒慕巢、由之避世；出是道、處是道，盍當師伊、呂以輔王。」「休將蟲上誇高，遽忍屯初見下。」既成出示多士，以爲矜式，其後懋賞屢舉不第，人皆服其識鑑。

公在成均十年間，一夜夢見先聖來臨，語公曰：「安南文獻之邦，我亦時嘗往來，且命子由、冉有守之，卿其勿苟略。」公詭應諾，既覺驚異，清晨入大成殿前謝過，且祈保護事完而後沒。乃上請大興工役，殿宇廻廊，門牆道路，制度宏敞，經二年告竣，費殆巨萬，奉役錢只一千，餘皆公家貲。胄監成，公致政家居，以朔望日赴肆習，涵養作成，不遺餘力，故其當時學者雲集，文治蝟興，中興以來，莫盛於此，繼之又皆不及焉。

又公與彰德鄧國老往勘河堤，乘興作詩，公詩落句云：「斜陽未已滄浪興，更濮新沙縱步看。」鄧公詩落句云：「夜深更寂留春訣，水自無波月自團。」較與公所作，其氣象雍容閒雅，殆為勝之。未幾公以首相致仕壽終，而鄧公致仕十餘年，官歷大司空，再致仕，壽八十六，福祿壽考，殆過於公，其兆於詩矣。

世傳阮公天資樸實，見諸公咸在，以所得祭肉市酒，相邀一飲，諸公皆不飲，公獨挈酒一杯，並肉味嘗之，人皆服其德度。後以首相致仕壽終，國祠宇，此後正集具文，而荒漠遐趣，非聖人陟降之所，其奉事頗疎。

公陞侍郎參從高平鎮恭頌德政序（先豐古都進士阮伯璘自鎮回朝，高平北客賀敘。）

地不論中原，人不論華夏，苟其德有可頌，皆有可紀。有可紀，皆有可傳。凡以心同則理同，公好公惡之心，良無中外一也。

侍郎阮公前之來鎮高平也，方其時，寇盜四起，飢饉薦臻，公獨不煩一兵，不折一矢，招撫而周卹之，民各案堵如故，復念兵燹之餘，流言坐廢，薄稅減征，俾復其舊，由是，困者甦懸者解，而商賈之客斯士者，亦賴以安全焉。故一時頌公者，無間遠邇，公之德顧不韙歟。

昔龔遂之治渤海也，赤子弄兵，二千石不能制，乃單車詣郡，悉罷捕盜吏，郡公翕然，即時解散，棄其弓弩而持鉤鉏，盜遂以平。乃開倉廩，貸貧民，選用良吏，慰安牧養，遂以治行為漢第一。今公之鎭高平也，其所以爲善後之策，務農敦本，尙樸革奢，以視渤海。吾不知其何如，然弭盜戢民，惠商恤衆，其相去固不遠耳。孔子之作春秋也，進於中國者則中國之，安南去中國不遠，所讀聖賢書。加以　聖天子，化洽海隅，無遠弗屆，百年涵煦，而公獨起其間，則公之沐於詩書而發爲治道，良非偶然，公亦人傑矣哉。

公行矣，群欲攀轅而不獲所請，惟願入贊王家，益懋其德而大其施，使人頌賢君，功推賢輔。異日聖天子遣使存問，錄其政俗，登之史館，以備外國記事之書，則可紀可傳，固應以公爲最，又豈僅遠近北商民之歌詠思慕於無窮已歟。是爲序。北圍舉人朱伯全草。

朝堂官恭賀帳敘

特進金紫榮祿大夫、入侍陪從御史臺副都御史行、兵部左侍郎、國子監司業、秘書閣學士醴澤侯阮台公舍（古都進士）陞工部尙書

夫以年格致事尙矣，而餞送之盛，倡酬之美，始迭見於漢唐，迄今循而用之。仕籍侈爲隆儀，朝廷優爲盛典，良以趨蹌咸事，相知積契於周行，推讓交情，中敍彌殷於晚景，實所以尊齒德，崇禮遜勸敦睦也，豈徒爲美觀哉。睠惟　台公，江北文宗，斗南人望，趨庭詩禮，成杼軸於一家，鳴世文章，卓楷模於多士。三十二歲，峻擢會魁，歷番僚以淸愼知名；陪法從以公平標譽，外允時望，內契隆知。旋遇經綸時節，以瑚璉之器，當甲兵之事，留守興化，則綏蠻獠獷戾，八擒賊將佐，百戰闢封疆，方在軍而徹謠韓，具見章縫之略。督鎭高平，則俘僞渠，撫邊氓，兩番破賊巢，同仁視漢土，已歸朝而交章借寇，茂昭裘帶之容，袞繡所經，旄倪仰德。旣乃三期報政，萬里回朝，一疏抗忠，洞看天旨，超貳法臺，重陪撰席弼諧之地。又將十年，酬應紛紜，而休休

乎靜淡；持守堅確，而亹亹乎謙恭。同列諒其襟期，後進儀其風采，忠直敢言之懿，獎見綸音，德行文學之褒，榮於華翰，而譽望赫然，日益隆重。卽其入文出武，三十四年之間，戰功在行陣，遺愛在邊陲；賢勞勳能在當途，政術文章在臺閣，人耳目，史汗青，自可流芳，不須殫述。詢可敬仰而稱道者，仕途正大，心地光明，喜慍三無，險夷一致，仗忠信，安義命，則郭汾陽王之儔；開誠心，布公道，則諸葛武侯之匹；斯抱負，斯操履，方且紓宸顧而重朝端。乃括囊含章，急流勇退，今年六十五，始及格，去年冬，早已援例懇閒。仰奉九重，不以老視，四更時序，始賜俞音。再欽奉獎諭，其當官廉勤，秩之尙書，祿之采邑，優遇殷渥，前者所希。于是供帳東門，均注神仙之望；綵旗西路，茂揚德業之車，晝錦歸來，創貴縣自古未有奇英之勝會。而仙仙乎傘嶺、沱江之境界，淸平郊野，於焉逍遙，春風秋月，任我平章，知水仁山，惟吾樂壽。爲天下之大老，爲世上之眞仙，其欣幸爲何如哉。今玩留東朝堂詩云云，咏味再三，得知命樂天之表，溢於言表，爰卽旋車之日，次韻酬應，用以續師師濟濟之休風，仍相率勝餞，以表同朝之義云。卽有訂和諸篇，具錄于左。

【二一六】黃名勳

黃名勳，廣安省先安州海浪社人，年少勇絕人。及長有機略，能容人。陳朝有白齒黃嘴賊[1]（北元虜）來侵，州人多爲擾害，大兵臨之，數年不克。公惡元人狎我弱小，慨然願與賊戰，朝廷壯其志，許之。乃率其手下勇士百餘人，與賊交戰，皆勝之。一日進剿于豐裕，（社名）手持長竹一株，折爲兩段，驅賊前鋒，賊兵潰走，公追至無礙，（社名）倒竪竹杖，而竹杖再生，賊兵驚散，呼爲神。自此不敢復來犯境，州民賴以安全。陳帝嘉其有護國庇民之功，勅封節義郡公，恩賜榮歸，賞給優數。會州人爲之起坊，公至錦普江，忽無病而終，朝廷震悼，備禮以葬，勅封福神。村立廟祀之，香火至今不絕，頗有靈應。凡公所竪之竹杖處者，至今竹之枝節皆倒生也，人甚神之，後人過故址，多有題咏者。

【校勘記】

❶「賊」字原作「賦」。

越南漢文小說叢刊

筆記小說類　第六冊

①南翁夢錄
②南天忠義實錄
③人物志

主編者：陳慶浩・王三慶
出版者：法國遠東學院
本書局登記證字號：行政院新聞局局版臺業字第一一〇〇號
發行人：丁文治
發行所：臺灣學生書局
臺北市和平東路一段一九八號
郵政劃撥帳號〇〇〇二四六六～八
電話：三三一四一五六・三三一一〇九七
香港總經銷：藝文圖書公司
地址：九龍又一村達之路三十號地下後座
電話：三－八〇五八〇七

中華民國七十六年四月初版

8680-6